U0945473

ZHONGGUO QIYE
KUAQUYU BINGGOU ZIYUAN LIUDONG
YU CHANGQI JIXIAO

内蒙古自然科学基金（项目编号：2012MS1015）
内蒙古大学高层次人才启动项目（项目编号：30105-115103）

中国企业跨区域并购、资源流动与长期绩效

袁学英 著

图书在版编目（CIP）数据

中国企业跨区域并购、资源流动与长期绩效／袁学英著.—北京：经济科学出版社，2014.3

ISBN 978-7-5141-4402-4

Ⅰ.①中…　Ⅱ.①袁…　Ⅲ.①企业兼并-研究-中国　Ⅳ.①F279.21

中国版本图书馆 CIP 数据核字（2014）第 042331 号

责任编辑：李　雪

责任校对：王肖楠

责任印制：邱　天

中国企业跨区域并购、资源流动与长期绩效

袁学英　著

经济科学出版社出版、发行　新华书店经销

社址：北京市海淀区阜成路甲 28 号　邮编：100142

总编部电话：010-88191217　发行部电话：010-88191522

网址：www.esp.com.cn

电子邮件：esp@esp.com.cn

天猫网店：经济科学出版社旗舰店

网址：http://jjkxcbs.tmall.com

北京密兴印刷有限公司印装

710×1000　16 开　11 印张　210000 字

2014 年 4 月第 1 版　2014 年 4 月第 1 次印刷

ISBN 978-7-5141-4402-4　定价：39.00 元

（图书出现印装问题，本社负责调换。电话：010-88191502）

序

袁学英是我指导的北京交通大学会计学专业2011届博士毕业生，以她博士学位论文为基础的专著即将出版，我表示祝贺。应邀为本书作一个简序是我的荣幸。

世界上各个事物是相互联系的，自然领域也好，社会领域也好。社会发展有自身的规律，探索和发现社会领域事物之间的联系和事物的发展规律，是社会科学工作者的使命。由于环境、事物及其相互作用的方式在不断变化，要找到社会发展的规律是很难的，甚至是一件几乎不可能的事情。然而通过对社会历史和发展现状的观察，不断总结并试图推断社会事物未来发展的走向，则是可能的。

随着社会科学的发展和发达，社会科学也开始分化出了各种各样的学科。围绕资源组织及其效率的经济管理领域尽管在国内外不同机构对其分类不尽一致，但从研究和人才培养等角度，分为宏观和微观这样的二分法，或者宏观、中观和微观这样的三分法，却是不争的事实。各个学科按照其地盘、按照其轨道、按照其模式和模型来解释经济管理领域的社会现象、预测和解决经济管理领域的问题。

近二三十年来，社科研究才特别鼓励交叉学科，通过学科间的合作产出创新成果，在项目指南中特别引导，研究经费给予特别倾斜。可喜的是最近教育部和财政部专门设立的“2011协同创新”计划，也包含了一些社会科学的议题。以社会活动现象或者问题为导向的学科研究逐步改变类似“按照我们学科的观点，问题应该是这样解决的”的研究风格与研究文化。

企业并购活动的历史还没有系统的考证。市场经济发达国家学者开始较多地关注和总结企业并购活动，据说也就是从20世纪60年代开始的，至今也不过五六十年。企业并购活动，不仅仅是经济管理活动，还可能涉及或者引发其他诸如政治、军事、文化等其他社会事务。即使从经济管理领域的角度，企业并购也是横跨微观、中观和宏观领域的。最近不少研究以“经济后果”为关键词，但若从以上观点来看，其内容是打了折扣的。

袁学英的“中国企业跨区域并购、资源流动与长期绩效”研究穿透了三个维度，即区域内外的并购活动、并购活动产生的资源结构变化以及并购活动长短期时间绩效。我这里想说明的是，如果从某一个学科的角度看，这个项目似乎是某个学科的，似乎又不是这个学科的；如果拿某一个学科的严谨的逻辑来衡量这个研究，似乎还不十分严谨；如果从以上三个维度全面审视研究覆盖，还有可以进一步拓展的空间。但作为一名成长中的青年社科工作者的研究成果、一篇博士论文，我所认同和欣赏的是一项研究的多维视角、跨学科运用和研究的可拓展性。

并购研究像其他社会科学研究工作一样永无止境。祝愿袁学英的科研和教学工作成果花团锦簇！

张秋生

北京交通大学中国企业兼并重组研究中心教授

前　言

并购是企业进行外部扩张，寻找适度规模边界的重要手段，也是存量资产在企业间重新配置以及生产要素在不同企业之间重新组合的一种重要方式。本书立足于收购方企业，以我国2004～2006年发生的231起并购事件为样本（其中跨区域并购事件101起，区域内并购事件130起），以资源流动作为中间变量对跨区域并购企业的长期绩效进行了研究。通过对企业资源理论、组织学习理论以及协同效应假说的梳理，构建了跨区域并购引起资源要素流动以及资源要素流动改变企业长期绩效的机理分析框架。运用单因素方差分析法，检验了跨区域并购企业的长期绩效以及分类绩效，并且对跨区域并购企业与区域内并购企业的长期绩效进行了对比分析。同时，从资源流动的视角构建了多元线性回归模型并对并购绩效的影响因素进行了分析。以期为上市公司和投资者提供决策依据，同时为政策的制定者和监管者提供政策依据。本书的课题需求来源于内蒙古自然科学基金“资源型企业并购绩效及其影响因素研究”（项目编号：2012MS1015）以及内蒙古大学高层次人才启动项目“从资源流动的视角对并购企业的长期绩效进行实证分析”（项目编号为：30105－115103）。

本书共分为7章。第1章导论，简述了本书的研究背景和研究意义，界定了跨区域并购、资源流动以及并购绩效的基本概念，确定了本书的研究方法和研究框架。第2章文献综述，对跨区域并购、资源流动以及并购绩效方面的相关文献按照研究的视角、采用的研究方法以及得出的研究结论进行了综述。第3章相关理论分析，以资源基础理论、组织学习理论以及协同效应假说，作为研究跨区域并购、资源流动与长期绩效的理论基础，并且从并购的层面对上述理论和假说进行了解析。第4章对跨区域并购引起资源要素流动的机理以及资源要素流动改变企业长期绩效的机理进行了分析。指出并购是一种重要的资源再配置方式，并购会引起资源要素在不同的区域之间、企业之间以及部门之间的流动。在对资源要素流动的影响因素——资源自身的属性（复杂性、专用性、兼容性、互补性）、接收方的资源接收能力、输出方的资源释放能力以及组织之间的距离（空间距离、文化距离、制度距离、技术距离、地位距离）进行分析的基础上，构建了并购引起资源要素流动的一般机理框架图，并指出了跨区域并购引起资源流动的特殊机理。并且在资源基础观的理论框架下，将并购的动因归纳为几个方面，一是获取促使企业发展壮大的互补性资源；二是获取专业化的知识以及新的技术；三是获取与企业发展相关的能力。指出了并购具有创造价值的潜能，然而只有通过对并购后资源的有效整合才能使得潜在的价值创造变为现实。基于此，本书按照整合动力—整合过程—整合内容—整合业绩—财务绩效这一逻辑主线阐述了并购整合的价值创造机理。第5章对我国企业跨区域并购长期绩效进行了实证分析，并对区域内并购与跨区域并购的绩效进行了对比分析。第6章建立了多元线性回归模型，从资源流动的层面对我国并购企业的长期绩效进行了实证分析。第7章总结了本书研究的主要内容和得出的结论，并提出了需要进一步研究的问题。

本书的创新之处有：

（1）提出了从资源流动层面分析跨区域并购企业长期绩效的新研究视角。以资源流动作为中间变量，并以区域内并购企业作为对比样本，深入分析了我国企业跨区域并购的长期绩效。

（2）构建了跨区域并购引起资源要素流动进而提升企业并购绩效的机理分析框架。并购是一种重要的资源再配置方式，是价值创造的重要模式。并购会引起资源要素在不同的区域之间、企业之间以及部门之间的流动，而资源要素的流动又会引起企业长期绩效的改变。

（3）构建了多元线性回归模型，在控制了影响并购绩效的其他因素保持不变的条件下，检验了跨区域并购以及资源要素流动这两个变量对并购长期绩效的影响，并得出了如下结论：相对于区域内并购企业而言，跨区域并购企业短期绩效显著差于区域内并购企业，长期内二者没有显著差异；固定资产比率较高企业并购后的长期绩效显著好于固定资产比率较低企业；现金持有量与并购的短期绩效负相关，与并购的长期绩效不存在显著相关关系。

袁学英

2014 年 1 月

目　录

导　论

1.1　研究背景和意义

1.1.1　研究背景

并购是证券市场永恒的主题。从宏观上看，并购是实现产业结构调整，合理配置资源的重要手段；从微观上看，并购是企业寻求发展的重要途径之一。企业的发展壮大主要通过两种途径，一是内部成长，是指公司在保持现有资本结构的情况下，依靠自身的力量，通过整合公司现有的内部资源，进而提高资源的利用效率来实现公司成长的目标。二是外部扩张，主要是指公司通过吸收外部资源来实现企业的扩张，主要的外部扩张方式有联盟和并购。从国际经验看，要实现企业规模的扩大和整体实力的增强，并购是一条快速有效的路径。正如美国著名经济学家乔治·施蒂格勒（George J·Stigler）所说的那样，“没有一个美国大公司不是通过某种程度、某种方式的并购而成长起来的，几乎没有一家大公司主要是依靠内部扩张成长起来的”①。国内的相关研究也发现，在通过内部投资或并购获得的增长中，一定时期内有42%的增长是通过并购来实现的，而且并购获得的新增长与以前通过并购获得的增长之间呈正相关，这表明并购会随着时间的延续而成为公司坚持的扩张战略②。

特别是随着2006年的新《公司法》、新《证券法》、新《上市公司收购管理办法》的相继出台，2007年证监会又集中发布了6部法规及规范性文件，集中规范上市公司并购重组行为以及2008年《上市公司重大资产重组管理办法》和《商业银行并购贷款风险管理指引》的出台，为全流通时代的并购市场制定了新的规则，大大增强了上市公司并购的可操作性，这无疑会进一步刺激我国企业的并购需求，推动并购市场的繁荣。

从2002~2009年，我国企业并购的数量和金额整体而言呈现上升趋势，如表1-1所示。2011年1月5日，中国领先的投资咨询机构投中集团（China Venture）发布报告，根据其旗下数据库产品CV Source统计显示，2010年共披露涉及中国企业并购案例2656起（以涉及标的企业数量计，下同），其中披露金额的案例为2057起，交易金额达1696.43亿美元，无论是从披露案例的数量来看还是从交易金额来看，都达到了历史最高水平。

表1-1　　　　2002~2009年并购规模一览表

年份	交易数量（笔）	交易金额（万元）
2002	951	7777672
2003	934	9230755
2004	1541	21168660
2005	1219	13231970

① 乔治·施蒂格勒著．产业组织与政府管制［M］．上海人民出版社，1996：3.

② 张衡．并购、资源整合与企业成长［J］．经济学家，2003（0）：113.

续表

年份	交易数量（笔）	交易金额（万元）
2006	1788	30745709
2007	1773	44097368
2008	1441	48881190
2009	1508	59645414

资料来源：中国企业并购数据库。

在企业并购浪潮涌起的同时，并购活动也日益引起了理论界和实务界的关注，而有关并购重组的绩效研究更是关注的重要内容之一。公司并购能否给收购企业带来正的绩效？绩效的大小会受到哪些因素的影响？对这些问题的回答关系到企业今后并购行为模式的选择，也将为我国相关政策的制定提供参考。国内外学者基于上市公司并购活动这一课题进行了大量的研究，但由于受到各种因素的影响，现有的研究没能达成一致的结论。并购的绩效问题一直是学术界争论的焦点，争论不仅表现在结论上，还表现在研究方法上。

投资环境是吸引投资、促进经济增长的决定性因素，相应地，也将对企业的并购行为产生影响。我国内部不同地区之间，由于区域位置的差异、资源禀赋的不同以及经济发展的不均衡性等原因，表现为对外部投资的吸引力也具有明显的差异性，因此，我国企业的并购活动在区域分布上呈现出明显的地域积聚性。潘红波等（2008）以及方军雄（2009）均认为，由于地方保护主义的存在，企业进行异地并购困难重重，但随着市场化程度的提高，异地并购的障碍得到了有效的缓解。近年来，跨区域并购的数量和金额均呈现出不断上升的态势，特别是到2009年的时候，我国企业跨区域并购无论是从交易数量来看，还是从交易金额来看，均超过了同区域并购企业。这在一定程度上说明：制约并购活动的地方保护主义现象较之前年度已经出现了明显的改观。那么，跨区域并购企业的绩效如何？与同区域并购企业相比，是否可以在更大程度上改善企业的绩效呢？本书尝试着从资源流动的视角来研究我国企业跨区域并购的长期绩效。

1.1.2 研究意义

并购是企业扩张和发展的有效手段，也是资源优化配置和产业结构升级的重要途径。并购将引起资源要素在企业间流动，也将引起资源要素在区域间的流动，资源流动从宏观角度分析能够改变地区的资源禀赋，推动地区产业的发展和产业结构的优化，从而影响区域经济结构，进而改变经济增长方式，带动区域经济的发展；从微观角度分析可以实现资源在企业间的互补和共享，进而改变企业的绩效。

纵观并购的研究史，国内外学者对并购的研究主要是围绕并购动因和并购绩效这两个方面来展开分析的，并购动因的研究相对成熟，基本上形成了比较一致的理论体系，而对于并购绩效的研究，无论是绩效衡量方法还是研究结果均存在很大的差异。近年来，关于企业并购绩效问题的研究，西方学者主要是围绕着并购绩效理论、并购绩效评价方法和实证研究这三个方面来展开的。在我国，较多的研究是运用国外并购绩效评价方法对我国企业并购绩效进行实证分析，而且现有的研究大部分是从市场、企业披露的外部信息角度进行研究，鲜有从企业内部的资源层面的微观角度来研究并购绩效。随着经济的发展，资源流动已经成为当今社会非常普遍的现象，现有的关于资源流动的研究，主要是利用经济学和资源科学对资源流动进行一般理论性研究，也有少数学者从力的角度来探讨资源流动的本质和机制，但其研究主要集中在资源流动的一般规律的分析。本书在深入研究企业并购理论的基础上，将企业资源理论引入并购领域，尝试从资源流动的视角来研究企业跨区域并购的长期绩效，探索企业跨区域并购将会引起资源要素怎样的流动以及资源要素的流动又是如何改变企业的长期绩效的。目前关于企业跨区域并购的研究尚处于起步阶段，现有的研究文献对跨国并购的关注较多，主要集中于跨国并购对东道国具有资本积累、技术进步、产业结构升级、人力资源优化、出口竞争力提升和制度变迁等效应。本书试图在一定程度上丰富并购的基础理论成果，拓展并购绩效研究的视野，为制定投资等经济政策和企业投资战略提供参考。

1.2 基本概念的界定

1.2.1 跨区域并购

1. 并购

并购（Merger and Acquisitions，M&A）是兼并与收购的简称，而兼并与收购在法律上属于不同的经济活动，因而就有了分别的定义。兼并泛指两家或两家以上公司的合并，原公司的权利与义务由存续（或新设）公司承担，一般是指在双方的经营者同意并得到股东支持的情况下，按法律程序进行的合并。兼并具有两种形式：吸收合并和新设合并。吸收合并是指一家公司和另一家公司合并，其中一家公司从此消失，另一家公司则为存续公司。新设合并是指两家或两家以上公司合并，另外成立一家新公司，成为新的法人实体，原有公司不再继续保留其法人地位。收购是指一家企业购买另一家企业的资产、营业部门或股票，从而居于控制地位的交易行为。收购可以进一步分为资产收购和股份收购。资产收购是指买方企业购买卖方企业的部分或全部资产的行为；股份收购是指买方企业直接或间接购买卖方企业的部分或全部股票，并根据其权益与其他股东共同承担卖方企业的所有权利与义务。

兼并与收购往往交织在一起，很难严格区分开来，因此学术界和实务界都习惯于将两者合在一起使用，简称并购。威斯通教授等人在其代表著作《兼并、重组与公司控制》中，放弃了兼并（mergers）一词，改为接管（takeovers），并认为兼并和收购是达到接管的两种形式。

本书赞同张秋生教授对并购概念的定义，“即并购是以商务控制权为标的的交易。第一并购是一种交易活动。交易属于市场经济活动。作为一项交易，至少需要买方、卖方、标的及其价格四个基本要素，并购符合交易基本要素的规定。第二并购是一种复杂交易活动，且交易对象独特。并购作为一项交易有别于其他交易活动，其他交易活动的标的是单一资源，例如产品（劳务）、人力资源、技术、资本等，交易场所为产品市场或者要素市场。而并购交易对象则为商务控制权。商务控制权是对要素资源集合的控制权，交易场所在股票市场等产权交易市场为主的公司控制权市场。第三并购活动是企业外部发展方式之一，是新建投资、联盟等战略活动的替代。"①

商务控制权以资产、能力两者的结合为目标，但是能力不脱离资产单独存在。资产可以直接交易，能力交易通过资产交易实现。资产类要素活性低，因而交易效果的杠杆程度低，风险程度也低；能力交易活性高，交易效果的杠杆程度高，风险程度也高。

2. 区域

"区域"一词在区域经济学理论中，既是一个实体的概念，又是一个抽象的观念上的空间概念，往往没有严格的范围和界线。目前对区域的划分主要有三分法和六分法，三分法将我国区域划分为：东部地区、中部地区和西部地区，六分法将我国区域划分为华北、华东、中南、西南、西北和东北地区。本书采用六分法，即将我国划分为：华北、华东、中南、西南、西北、东北六个区域。本书所称华北地区是指北京、天津、河北、内蒙古、山西五省市。华东地区是指上海、安徽、福建、江苏、江西、山东和浙江七省市。中南地区包含广东、广西、海南、河南、湖北和湖南六省。西南地区包含重庆、贵州、四川、西藏和云南五省市及自治区。西北地区是指甘肃、宁夏、青海、陕西及新疆五省及自治区。东北地区是指东三省，即黑龙江、吉林和辽宁。

3. 跨区域并购

本书所研究的跨区域并购是指企业跨华北、华东、中南、西南、西

① 张秋生．并购学：一个基本理论框架［M］．中国经济出版社，2010：7.

北、东北上述六大区域所发生的并购，即收购方企业与标的企业的经营地分属于上述不同区域的企业间发生的并购。

1.2.2 资源流动

1. 资源

资源是组成企业的基本单元。按照资源基础理论的观点，企业是资源的集合体，资源是企业持续竞争优势的来源。但是并非所有资源都是持续竞争优势的来源，只有同时具备价值性、稀缺性、不完全模仿性和不可替代性的资源才有可能成为企业持续竞争优势的来源。本书借鉴张金鑫（2005）对资源的分类方法，将企业的资源分为资产、能力和知识三个层次，资产包括实物资产、金融资产、人力资产和无形资产；能力是企业综合运用资产、协调内外部关系的技能，是企业知识的集合。知识不同于能力。首先，知识与能力虽然都是无形资源，但能力是关于如何做的知识，是一种知识性资源；知识是关于为什么这样做的理念，是一种规则性资源。其次，知识差异是引起并购中组织问题的主要方面，是影响并购绩效的重要障碍和负面因素，而能力互补则往往是并购绩效的积极影响因素，因而知识与能力在功能上存在本质差异。

总之，资源可以区分为资产、能力和知识，并且在并购中这三者的转移难度大体上呈递增次序。另外，如同能力影响资产的利用效率一样，知识也影响能力的利用效率，并且这种影响是双向的，形成资产、能力和知识相互作用和影响的关系。

2. 资源流动

成升魁（2005）指出：“资源流动是指资源在人类活动作用下，资源在产业、消费链条或不同区域之间所产生的运动、转移和转化。它既包括资源在不同地理空间资源优势的作用下发生的空间位移（所谓横向流动），也包括资源在原态、加工、消费、废弃这一连环运动过程中形态、功能、价值的转化过程（所谓纵向流动）。因此，资源流动包括了资源在不同行业部门、不同空间位置、不同产业组群的运动和转移。”

本书所定义的资源流动是指资源的组成要素——资产、能力以及知识的横向流动，即由于并购而引起的企业的资产、能力以及知识在不同区域的不同企业之间所发生的空间位移、配置和组合的过程。

1.2.3 并购绩效

所谓绩效是指企业所从事活动的业绩和效率的统称，通常可以看做是企业或者组织战略目标的实现程度，其内容包括活动的效率和结果等几个层面，并购活动产生的业绩和效果统称为并购绩效。从宏观上讲，公司并购绩效是指其社会绩效，也就是公司并购对社会资源配置的影响，表现为产业结构的升级以及跨国公司并购的全球资源配置效应。对我国上市公司而言，表现为并购对盘活国有存量资产，推动产业结构调整和产业结构升级等方面的影响。从微观的公司个体角度讲，建立一个现代企业要求有两个完全不同的机制，一是经营管理战略机制；二是公司交易战略。前者是指如何有效地管理企业和保持企业经营的效率；而后者是指在一个充满活力和不断变化的市场经济环境中，如何对公司进行有效的定位，设计最佳的公司结构，使公司获得“竞争力”。实际上前者涉及的是公司内部积累发展的问题，而后者涉及对外扩张发展的问题。我国上市公司微观层次分析，主要是分析上市公司的并购行为对其自身带来的变化，如主营业务的扩张、产品结构或资产结构的优化、经营管理机制的转变、财务指标的改善等。就单个公司而言，完整的并购行为包含了并购交易实施及并购后的整合两部分。因而，公司并购绩效可分为两部分，一是交易绩效，它存在于一个市场效应的金融经济学领域中，指并购交易发生时，市场（投资者的预期）评价给并购交易双方带来的绩效（价值增值状况）。二是整合绩效，指并购行为完成后，目标公司被纳入并购公司中经过整合后，实现并购初衷，产生效率情况，它一般通过公司在较长一段时间的业绩提升及核心竞争优势的培育和增强来反映。

并购绩效按其涉及的时间长短，可以分为长期并购绩效和短期并购绩效。长期绩效的考察期一般为并购后1～5年，短期绩效的考察期一般为并购后1～3个月。并购绩效按其能否计量，可以分为财务绩效和非财务绩效。财务绩效表现为并购带来的企业销售收入的增加、成本的降低以及净资产收益率的增长等；非财务绩效表现为并购后企业经营机制的转变、资本结构的优化、企业文化的改善、企业形象的提升等，但从企业的角度来看，并购绩效最终都会通过财务绩效体现出来。并购绩效按其涉及利益主体，可以分为所有者并购绩效、经营者并购绩效、企业员工并购绩效和其他利害相关者并购绩效。企业并购行为发生之后，带给一个企业组织相关利益主体不同的影响，这种影响就是并购行为较之发生之前带给这些相关利益主体的绩效。其他利害相关者并购绩效是指除了企业所有者、经营者和员工之外的利益相关主体，包括政府、债权人、供应商、客户和社区等企业利害相关者。并购绩效按其对价值的影响，分为价值创造并购绩效、不创造也不毁损价值并购绩效和价值毁损并购绩效。这种分类是从社会福利角度，分析并购活动能否增加价值。并购绩效按照其影响的范围，分为宏观、中观和微观绩效。从全社会角度研究并购行为产生的并购绩效，可以分为微观并购绩效、中观并购绩效和宏观并购绩效。微观并购绩效就是围绕市场主体——企业本身业绩和效率的改变；中观并购绩效，即并购给相关行业带来的影响，例如产业结构调整、行业集中度等；宏观并购绩效是整个并购市场即控制权市场带来的一系列的影响。

本书主要是从微观的角度，立足于收购公司来研究并购的长期绩效，且本书主要是用财务指标来对并购绩效进行计量。也就是说，本书是从收购公司的角度来分析由于并购事件的发生而给收购公司带来的长期财务绩效的改变。

1.3 研究思路、目标以及研究方法

1.3.1 研究思路

本书是沿着企业跨区域并购将引起资源要素在不同的区域、企业间的流动，而这种流动又将会改变企业的长期绩效这一思路来展开研究的。首先，在理论层面，对跨区域并购引起资源要素流动的机理以及资源要素流动改变企业长期绩效的机理进行了阐述。然后，以 2004 ~ 2006 年发生的跨区域并购事件作为研究样本，对跨区域并购企业的总体绩效、分类绩效进行了单因素方差分析，并对跨区域并购企业与区域内并购企业的绩效进行了对比分析。最后，构建了多元线性回归模型，在控制了影响并购绩效的其他因素保持不变的条件下，考察了是否跨区域并购以及资源流动这两个解释变量对企业长期绩效的影响。

1.3.2 研究目标

本书立足于收购公司，通过对企业资源理论、组织学习理论以及协同效应假说的梳理，构建了跨区域并购引起资源要素流动进而改变企业长期绩效的机理分析框架，并通过规范的实证研究检验了跨区域并购企业的长期绩效及其影响因素，以期从资源流动的层面来探索跨区域并购企业的长期绩效。具体而言，主要有如下几个目标：

（1）梳理并购相关理论，构建跨区域并购、资源流动与企业长期绩效之间的理论分析框架，从理论层面对并购是如何引起资源要素流动，而资源要素的流动又是怎样改变企业的长期绩效进行分析说明。

（2）计算跨区域并购企业的长期绩效，并按照不同的分类标准对跨区域并购企业进行单因素方差分析，同时将区域内并购企业与跨区域并购企业的长期绩效进行对比分析，揭示二者的差异，并对其差异的原因进行解

释说明。

（3）以资源流动作为中间变量，构建了多元线性回归模型，在控制了影响并购绩效的其他因素保持不变的条件下，检验了是否跨区域并购以及资源流动这两个解释变量对并购长期绩效的影响。

（4）结合上述研究结论，为上市公司和投资者提供决策依据，同时为政策的制定者和监管者提供政策依据。

1.3.3　研究方法

1. 规范研究

本书在对跨区域并购、资源流动以及并购长期绩效的相关研究文献进行梳理的基础上（第2章），提出了本书的研究问题，即从资源流动的视角研究跨区域并购企业的长期绩效。以资源基础理论、组织学习理论以及协同效应假说作为研究的理论基础（第3章），并通过规范的逻辑推理，系统地阐述了跨区域并购会引起资源要素在不同区域、不同企业间的流动，而资源要素的流动通过实现双方资源的互补和共享效应又会改变企业长期绩效的机理（第4章）。这为接下来的实证研究奠定了理论基础（第5章、第6章）。

2. 实证研究

第5章和第6章为本书的实证部分。第5章，首先对跨区域并购企业的长期绩效进行了分析，揭示了跨区域并购企业长期绩效的变动趋势；其次利用单因素方差分析法，按照不同的分类标准，对跨区域并购企业的长期绩效进行了分类实证分析；最后，对跨区域并购企业与区域内并购企业的长期绩效进行了对比分析，揭示了两者在绩效变动趋势上的差异。第6章，根据本书的研究问题，建立了多元线性回归模型，在控制了可能会对并购长期绩效产生影响的其他因素保持不变的条件下，检验了是否跨区域并购以及资源流动这两个变量对企业长期绩效的影响。

1.4 本书内容框架

本书是从资源流动的层面来研究中国企业跨区域并购的长期绩效。笔者从企业跨区域并购会引起资源要素在不同区域、企业间的流动，而资源要素的流动又将改变企业的长期绩效这一命题出发，沿着理论基础——跨区域并购引起资源要素流动的机理——资源要素流动改变企业长期绩效的机理——对跨区域并购企业长期绩效的总体和分类实证分析——以资源流动、是否跨区域并购作为解释变量对并购长期绩效影响因素的实证分析来展开论述。

本书的整体结构安排分为 7 章，主要内容如下：

第 1 章导论。主要介绍了本书的研究背景和研究意义，对本书的基本概念进行了界定，归纳了研究思路、研究目标以及研究方法，概括了本书的研究内容和整体结构安排，并指出了预期创新点。

第 2 章国内外文献综述。将国内外的相关文献按照研究的视角、采用的研究方法以及得出的研究结论进行了综述。首先对跨区域并购的国内外相关研究文献进行了回顾；其次对资源流动的概念、资源流动的动力和规律、资源流动的影响因素、资源流动产生的效应以及资源流动其他方面的近期研究进行了回顾；最后对并购绩效的主要评价方法和影响因素进行了回顾。通过文献回顾，可以看到，跨区域并购的现有研究文献侧重于从国家的宏观层面以及区域的中观层面来研究跨区域并购的效应，尽管部分学者也意识到了跨区域并购有助于资源在更广范围的流动，进而改善资源配置效率，但没有对跨区域并购引起的资源流动机理进行深入分析，更没有从资源流动这个视角来研究跨区域并购企业的长期绩效。基于此，提出了本书的研究问题——以资源流动作为中间变量研究跨区域并购企业的长期绩效。

第 3 章相关理论分析。主要阐述了与本书研究主题相关的理论，在回顾前人在研究并购绩效以及资源流动问题上选择的理论、假说的基础上，结合本书的研究问题，以资源基础理论、组织学习理论以及协同效应假说，作为研究跨区域并购、资源流动与长期绩效的理论基础，并且从并购的层面对上述理论和假说进行了解析。

第4章跨区域并购引起资源要素流动进而提升企业并购绩效的机理。本章首先指出并购是一种重要的资源再配置方式，并购会引起资源要素在不同的区域之间、企业之间以及部门之间的流动。在对资源要素流动的影响因素——资源自身的属性（复杂性、专用性、兼容性、互补性）、接收方的资源接收能力、输出方的资源释放能力以及组织之间的距离（空间距离、文化距离、制度距离、技术距离、地位距离）进行分析的基础上，构建了并购引起资源要素流动的一般机理框架图，并指出了跨区域并购引起资源流动的特殊机理。然后，在资源基础观的理论框架下，将并购的动因归纳为如下几个方面，一是获取促使企业发展壮大的互补性资源；二是获取专业化的知识以及新的技术；三是获取与企业发展相关的能力。指出了并购具有创造价值的潜能，然而只有通过对并购后资源的有效整合才能使得潜在的价值创造变为现实。基于此，本书按照整合动力—整合过程—整合内容—整合业绩—财务绩效这一逻辑主线阐述了并购整合的价值创造机理。最后，在对并购引起资源要素流动，而资源要素流动又会改变企业长期绩效的机理进行分析的基础上，并结合现有的相关研究文献，提出了本书的研究假设。

第5章我国企业跨区域并购长期绩效的实证分析。首先，交代了数据的来源、样本企业的筛选标准、研究期间以及绩效指标的选择依据，并对样本的总体情况进行了描述性统计。其次，以经营现金流量总资产收益率以及按照行业均值和行业中位数调整后的经营现金流量总资产收益率作为并购绩效的代理指标对跨区域并购企业的总体绩效进行了实证分析。得出了跨区域并购企业的总体绩效呈现先下降后上升的趋势，并购后第三年与并购前一年相比，调整前的绩效较并购前一年绩效的均值上升了(0.0159)，按行业均值调整后的绩效较并购前一年绩效的均值下降了

(0.0043)，按行业中位数调整后的绩效较并购前一年绩效的均值上升了(0.001)，但统计上均不显著。然后，按照收购方企业固定资产比率的高低以及现金持有量的高低对跨区域并购样本进行了分类检验。最后，对跨区域并购企业与区域内并购企业的绩效进行了对比分析，得出如下结论：(1) 无论是跨区域并购还是区域内的并购都没有实质性的提高上市公司的绩效；(2) 与区域内并购企业相比，跨区域并购企业在短期内会出现绩效的显著下降，长期绩效则要略高于区域内并购企业，但统计上并不显著。

第6章从资源流动的视角对我国并购企业的绩效进行实证分析。首先交代了研究变量的选取依据以及衡量方法。然后根据本书的研究问题建立了多元线性回归模型。最后运用 SPSS 16.0 软件，对该多元线性回归模型进行了回归分析，并得出了如下结论：(1) 是否属于跨区域并购对并购的短期绩效存在显著地负向影响，对并购的长期绩效没有显著影响；(2) 固定资产比率与并购后的长期绩效显著正相关；(3) 现金持有量与并购的短期绩效负相关，与并购的长期绩效不相关；(4) 与非国有企业相比，国有企业并购后的长期绩效会更差；(5) 相关行业企业之间并购的绩效要好于不相关行业企业并购的绩效；(6) 关联交易企业并购绩效，短期内要好于非关联交易，长期内则要差于非关联交易。(7) 并购规模对并购后绩效有显著的正向影响； (8) 成长性较好的公司，并购后的绩效会更好；(9) 财务杠杆较大的公司，面临的财务风险较大，并购后的绩效会更差；(10) 多元化程度对企业并购绩效有显著的负向影响；(11) 第一大股东持股比例以及收购企业的资产规模对并购绩效没有显著的影响。

第7章，研究结论与展望。首先，通过总结全文，归纳了本书的主要研究结论以及创新之处，并提出了相关的政策建议。其次，指出了本书的不足和局限性以及进一步研究的方向。

本书的逻辑结构如图 1-1 所示。

中国企业跨区域并购、资源流动与长期绩效
提出问题
导论（第1章）
研究背景和意义
基本概念界定
研究思路及方法
内容安排及创新点
文献综述（第2章）
跨区域并购
资源流动
并购长期绩效
分析问题
相关理论（第3章）
资源基础理论
组织学习理论
协同效应假说
跨区域并购引起资源要素流动进而提升企业并购绩效的机理（第4章）
跨区域并购引起资源要素流动的机理
资源要素流动改变企业长期绩效的机理
研究假设的提出
解决问题
我国企业跨区域并购长期绩效的实证分析（第5章）
从资源流动的视角对并购企业的长期绩效进行实证分析（第6章）
研究设计
总体实证分析
分类实证分析
对比分析
建立回归模型
实证检验过程
实证结果分析
研究结论与展望（第7章）

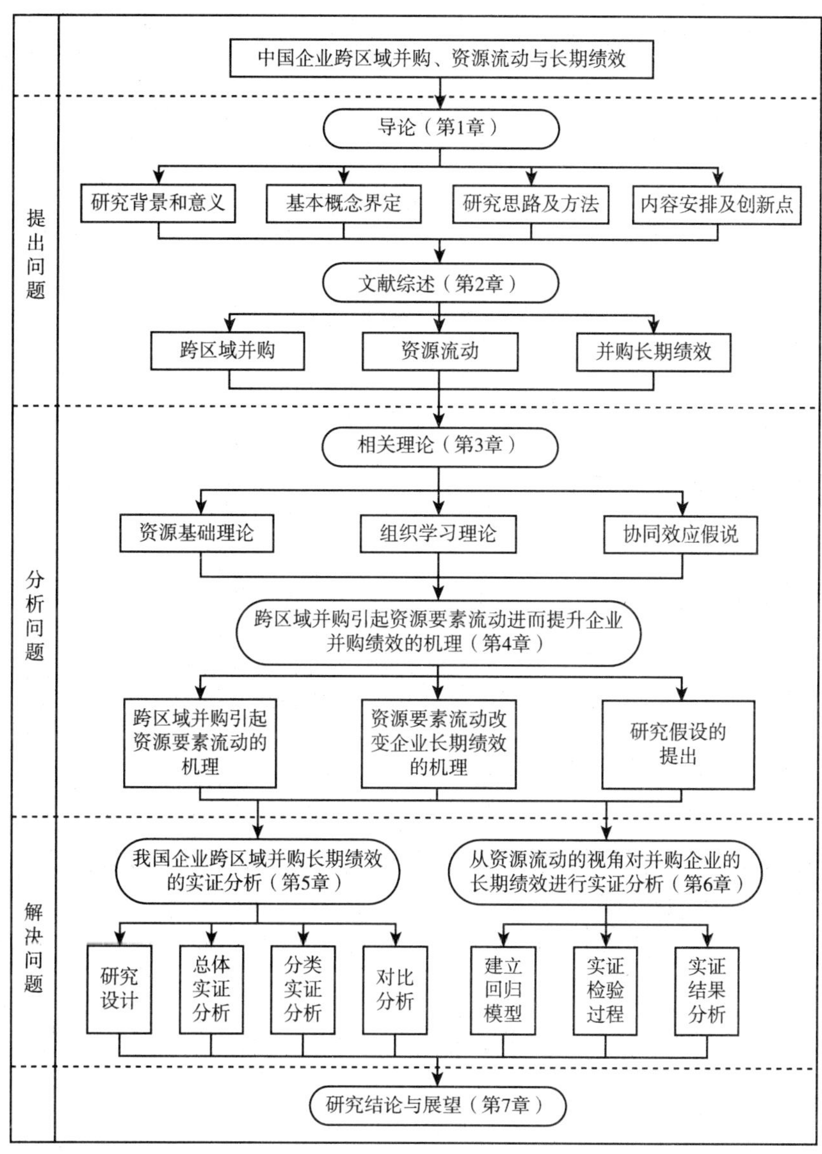

图1－1 逻辑结构

第2章 文献综述

本章围绕跨区域并购、资源流动与长期绩效这个议题，对各自相关领域内的研究文献进行了回顾。通过对现有研究文献的归纳和总结，不仅拓宽了本书的研究视野，并且为本书的写作提供了空间。

2.1 关于跨区域并购的研究

2.1.1 国内关于跨区域并购的研究

国内对跨区域并购的研究可以分为理论研究和实证研究两个方面。理论方面的研究主要有：陈计旺（2000）对政府引导下的发达地区企业在欠发达地区投资、兼并与实现区域经济协调发展进行了研究，得出了发达地区企业跨地区投资、兼并既能通过追求微观经济利益实现效率目标；又能加快欠发达地区经济增长、催化欠发达地区制度变迁、加速区域产业结构调整进而缩小区域差距实现公平目标。罗翠华（2004）对企业跨地区并购与区域经济协调发展进行了研究，指出了企业跨地区并购是解决区域经济结构失衡的重要途径，但是由于变相地方保护主义的存在、产权交易市场的欠发达以及被并购企业控制权损失补偿机制的缺失，我国企业的跨地区并购存在重重障碍。并且提出了减少政府对跨地区并购活动的干预，加快立法以及扶植产权交易信息中介的发展，完善所有权交易市场并建立控制权损失的补偿机制等措施来保障跨地区并购的进行。李鹏非（2009）对体制因素影响下的跨区域钢铁企业之间的并购重组进行了研究，通过对中央与地方企业的并购博弈分析认为只有采用相对应的方法，调整双方主体（包括各级政府）的利益，达到双方的共赢，才能促进企业并购重组。

实证方面的研究主要有：黄侦（2006）对本土企业跨区域并购的文化整合进行了研究，得出了本土零售企业并购不仅是零售企业对外部环境变化的一种主动适应，而且是企业为了获得各种效应的内在要求（并购动因），并且指出跨区域并购存在盲目性以及各种风险，最后通过对上海百联与大连大商的案例研究，提出了从物质文化、制度文化以及精神文化等方面来实现并购后文化的整合。方军雄（2009）针对 1995 ~ 2007 年发生的上市公司对非上市公司的并购行为的研究，发现同一行政区域内的本地并购数量显著高于不同行政区域之间的异地并购数量，这可能源于地方保护主义倾向的存在，这在一定程度上验证了我国地区之间市场分割现象的存在。同时通过 logistic 模型检验发现，随着我国经济市场化程度的提高，跨地区并购发生的概率显著提高，这有助于资源更广范围的流动、整合，进而改善资源配置效率。潘红波（2009）以 Shleifer 提出的法与金融理论以及跨国并购与公司治理方面的现有研究作为理论基础，以 2001 ~ 2005 年我国证券市场发生的 372 个上市公司收购非上市公司的事件为样本，研究跨区域并购的公司治理效应。研究发现，在民营企业样本中，当收购公司的投资者法律保护水平高于目标公司时，收购公司能获得更高的超额收益率。这表明，民营上市公司的跨区域并购具有公司治理效应，这与已有跨国并购的理论预期和经验证据相一致。但是，在地方国有企业样本中，当收购公司的投资者法律保护水平高于目标公司时，收购公司并没有获得更高的超额收益率。这表明，地方国有上市公司的跨区域并购决策并非基于市场化原则而做出的，受到当地政府的干预，由此导致地方国有企业跨区域并购治理效应的失灵。

2.1.2 国外关于跨区域并购的研究

国外关于跨区域并购的研究主要包括几个方面，一是对跨国公司并购区域范围的界定，即跨国公司在全球化并购、区域间并购以及区域内并购中的选择；二是对影响跨国公司并购战略选择的因素进行了分析；三是对跨国公司跨区域并购与区域经济增长进行了研究。

格曼（Rugman，2005）通过对世界500强跨国公司在区域内和跨区域的销售额的研究发现跨国公司的运营主要是在区域的范围内。格曼（2005）以及格曼与维伯克（Rugman & Verbeke，2004）认为跨国公司的经理们需要去开发区域化的战略而非全球化战略。迪帕克·塞西（Deepak Sethi，2009）对2000～2007年巴西、俄罗斯、印度和中国四国发生的1430起并购事件进行了研究，从宏观层面和公司层面检验了上述并购公司的运营是属于区域内、两个区域之间还是全球化的发展，得出了上述公司进行的并购主要是跨区域并购而非全球化并购的结论。

影响跨国公司进行区域化并购还是全球化并购的影响因素主要有公司间的文化距离、行政距离、地理距离以及经济距离（Ghemawat，2001）。格曼和维伯克（2007）也证实了区域内部扩张的成本要低于区域间扩张的成本，这就是为什么许多跨国公司的运营是区域内部或者是在两个区域之间的原因。格曼和维伯克（2004）认为跨国公司是结合公司特有优势以及国家特有优势来决定最适合的地理位置的，相对而言，公司特有优势对公司地理位置的选择影响更大一些。公司特有优势是公司的重要资产，他们可能是技术基础、知识基础或者可能反映管理或者市场的技能（Rugman & Verbeke，2003）。格曼（2007）通过对中国跨国公司案例的研究，得出中国的跨国公司很少具有公司特有优势，相反他们主要是建立在基于国家特有优势的规模经济基础之上，即相对廉价的劳动力和自然资源，因此中国的跨国公司在海外主要是寻求知识而非转移知识，不像西方的跨国公司是通过他们的公司特有优势去转移知识和技术。因此，中国的跨国公司更可能是区域内部的发展而非全球化的发展。塞西等人（Sethi et al.，2009）以外商直接投资理论、制度经济学主流理论以及公司的战略观点作为理论基础，在传统的国家层面的外商直接投资的基础上增加了对并购事件的分析来解释外商直接投资地理位置的选择模式，建立了一个综合的概念框架模型，得出了行业特征会对外商直接投资地理位置的选择产生重要影响的结论。约瑟（Jose，2009）研究了银行在不同空间市场上兼并的动机，在考虑了不同区域储蓄者特征以及空间竞争变量的基础上建立了一个空间选择模型，认为如果空间范围的需求是低的并且可获得的服务成本也是低的，则区域内兼并会发生；否则跨区域并购就会发生。在经济地理学以及其他社会学中，关于全球化进程的大量研究都集中在由于国际直接投资和并购引起的全球产品链的建立，以及新的工业活动集群的出现引起的经济增长方面。哈特和彼得艾格（Hartmut Egge & Peter Egger，2010）在空间框架下分析了跨区域并购的结果，主要包括三方面的影响，一是由于消除了产品市场的竞争导致的价格增加；二是对工厂位置的调整减少了综合运输成本支出；三是由于公司之间的技术转移导致的产品成本的统一，该分析阐述了跨区域并购在自由贸易的开放经济下促进了公司所在国的经济增长。而哈拉尔德和卡特琳（Harald Bathelt & Katrin Kappes，2009）通过对化学领域的两个分别来自德国和法国公司并购案例的研究，分析逻辑重组和区域供应链的相关变化，发现了这些行业和地区在国际化进程中所遭受的负面结果，并对其引起的区域发展威胁提供了合理的解释。

2.1.3　小结

由于对区域概念界定的不同，国内外跨区域并购相关研究文献研究的侧重点以及得出的研究结论均存在很大的差异。国内现有研究文献是按照中部、东部、西部以及省级行政单元来对我国区域进行划分的，主要对跨区域并购与地方保护主义、跨区域并购与区域经济发展以及跨区域并购的公司治理效应等方面进行了研究，得出了我国目前跨区域并购的数量小于区域内并购的数量，原因就在于地方保护主义的存在，这不利于区域经济的发展；民营企业跨区域并购具有公司治理效应而地方国有企业的跨区域并购不具有公司治理效应的结论。而国外跨区域并购的研究文献中，区域的范围是大于国家的，主要对跨国公司进行区域选择的影响因素以及对经济发展产生的影响进行了研究，得出了跨国公司主要是采取区域化的发展战略而非全球化发展战略，并且公司的特有优势以及区域之间的文化距离、行政距离、地理距离以及经济距离等是影响跨国公司并购战略选择的重要因素，跨国公司的跨区域并购在促进区域经济增长的同时也给所在区域带来了一些负面的影响。

总之，关于跨区域并购的研究，由于研究角度的不同使得研究结论存在一定的差异。现有的研究文献侧重于从国家的宏观层面以及区域的中观层面来研究跨区域并购的效应，尽管部分学者也意识到了跨区域并购有助于资源在更广范围的流动，进而改善资源配置效率，但没有对跨区域并购引起的资源要素流动机理进行深入分析，也没有从微观层面考虑跨区域并购对企业绩效的影响。

2.2 关于资源流动的研究

2.2.1 国内的相关研究

关于资源流动的国内研究文献，本书按照资源流动的概念、资源流动的动力和规律、资源流动的影响因素、资源流动产生的效应以及从网络的视角分析资源流动五个方面进行了归类分析。

1. 资源流动的概念

“国际上关于资源流动的应用研究较多，在资源流动的理论研究方面，并没有对资源流动进行一个系统、规范的定义”①。中国科学院地理科学与资源研究所的成升魁研究员是国内较早研究资源流动的专家，成升魁（2005）提出：资源流动是指资源在人类活动作用下，资源在产业、消费链条或不同区域之间所产生的运动、转移和转化。它既包括资源在不同地理空间资源势的作用下发生的空间位移（所谓横向流动），也包括资源在原态、加工、消费、废弃这一链环运动过程中形态、功能、价值的转化过程（所谓纵向流动）。因此，资源流动包括了资源在不同行业部门、不同空间位置、不同产业组群的运动和转移。义旭东（2005）对区域要素流动的概念进行了界定，即要素流动是指可流动的区域经济发展要素在区域内和区域之间的地域空间的位移。从增长的意义上讲，是区域要素在区域内和跨区域的优化配置；从流通的意义上讲，是具有比较优势的商品和劳务超越本地要素市场，向更广大的区域市场扩展，该文中的可流动的要素主要包括劳动力、资本、技术和信息。沈镭（2006）提出了资源流动是指在人类活动中，资源在不同空间位置、不同产业簇群、不同消费链条单元、不同使用功能之间的运动、转移和转换，既包括资源在空间方向上的流动，也包括资源在价值和功能方向上的转移和改变。聂锐（2008）指出生产要素的跨区域流动是指生产要素在不同的空间位置、不同的所有权或不同经营管理范围之间的转移、变化或移交，目的是要选择和确定合理的空间配置，从而使生产要素达到超越区域界限的优化配置。

2. 资源流动的动力和规律

周民良（1994）提出了要素在区域间的流动方向大体上受三个规律的支配，一是向需求引力最大的方向移动；二是向收益最大化的方向移动，

① 沈镭．资源流研究的理论与方法探析［J］．资源科学，2006（5）：9.

即要素在流动中带有明显的增值倾向；三是向最近的区域移动，即就近流动原则。徐州全（2000）指出一国的资源流动具有区位倾向，地区经济发展不平衡本质上是资源流动和组合的结果，其根源在于一国资源在区域之间的流动具有倾向性，区域之间的资源流动一旦选择了某一条路径，它的既定方向在以后的发展中会得到自我强化。白井文（2001）总结了资源流动的四大规律：资源流动具有追求收益最大化的趋利性、资源流动的就近原则、资源流动的集聚性特征和资源流动组合的结构合理化规律。董瑜（2001）借鉴物理学中的场思维，构建了资源场理论分析框架，探索了资源流动的力的本质，指出资源势差是资源流动的内在本质，资源场力是推动资源流动的本质力量，资源场力和外力的合力是资源流动的直接力量。苏筠（2002）认为资源的有用性、区域分布不均衡性和人类需求的区域差异性，是自然资源流动的必要的先决条件；科技进步的推动力使资源流动成为可能。刘春成等（2003）通过资源的"靶向性"来分析资源在区域间的流动机理，资源靶向性是指自然资源（N）、资本（K）、人力资源（H）、技术资源（T）等要素资源自身具有的一种特性，这一特性使得一种资源对于某些特定区域环境具有更强的亲和力，从而导致该类资源主动流向这些区域，并在这些区域聚集，形成集聚优势。成升魁（2005）指出区域间资源不平衡分布和经济发展对资源需求程度的不同是资源流动的原动力。李群（2005）提出了资源流动的动力机制，即资源流动的方向取决于目标区域所能提供的潜在收益，而目标区域所能提供的潜在收益来自于其区位条件、资源禀赋、基础设施、产业结构、政府政策、社会文化等因素综合而成的区域整体经济实力。关玉红（2005）指出动态联盟中资源流动具有自然推动力和社会推动力。不同的经济实体之间存在的资源"素质差"即是动态联盟资源流动的自然推动力；不同经济实体之间存在的"利益差"则是动态联盟资源流动的社会推动力。

3. 资源流动的影响因素

周民良（1994）认为影响资源流动的因素主要有要素在两个区域的供

需差别、两区域要素价格的差别、信息的完备程度与及时性以及交通运输工具的保证程度等。张耀辉（1999）认为：区域环境如自然资源、基础设施、固定资产等的优劣程度可以决定该区域对资源流动的吸引力。宁凌等（2001）认为影响生产要素流动的最直接的因素是投资利润率的高低，其次是政策环境、市场环境、法律环境、文化环境等。义旭东（2005）提出了要素流动的诱导因素是一个多层次的复杂综合系统，包含很多变量，其中最直接因子是各要素对利润的追求，另外政策环境、市场环境、文化环境、自然环境等环境因子也是比较重要的诱导因子。

4. 资源流动产生的效应

对于资源流动产生效应的研究主要有如下三种观点：

（1）认为资源流动会促进区域经济发展，提升区域竞争优势；王满四（2001）认为东西部经济合作的核心内容是生产领域里生产要素的区域流动和重新配置、优化组合，这可以取得多种经济效应，既有利于东部地区也有利于西部地区。齐中英（2001）指出生产要素跨地区流动是经济增长方式和资源利用效率提高的结果。通过市场对资源配置的过程，就是资源向利用效率最高的产业和区域流动集中的过程，同时也是区域发展可持续性不断提高的过程。因此，要素的跨区域流动是实现区域可持续发展所不可缺少的。义旭东（2004）提出了要素流动对区域经济发展有着重要的作用，表现为：区域要素的流动会产生组合效应、使资源得到最有效地配置和促进区域经济发展。邹璇（2004）认为，资本要素对我国经济增长的贡献程度呈不断上升趋势，资本要素流动既促进了单个地区经济增长，更加速了整体经济增长。李群（2005）认为资源流动是一个动态的循环过程，同时也是区域竞争优势形成和提升的过程。

（2）认为资源流动会导致地区差距的扩大；蔡昉和都阳（2000）发现，资源的流动使我国东、中、西三个地区分别存在内部趋同，但地区间的差距却扩大了。王小鲁等（2004）则提出了资源在各地区的配置和流动是影响区域经济增长，从而影响地区差距的一个关键因素。胡星（2007）

指出：在我国，区域经济增长并不像新古典经济学家设想的那样收敛，劳动力等要素流动的地区差异与经济发展的地区差距几乎具有同步变化的趋势，劳动力和资本向东南沿海地区的流动使东部地区的二元产业结构得以维系，这会在一定程度上阻碍产业的梯度转移，不利于缩小东中西部差距。陈良文（2007）从要素流动和集聚经济效应角度考察区域经济差异，通过建立模型结果显示，在要素流动条件下，受外部规模经济和本地市场效应的作用，经济活动趋向于集聚在某一个地区，从而形成发达地区与落后地区的经济差异。这一结论也意味着地区间的要素流动不仅不会使得区域差异趋于收敛反而能促使区域差异不断拉大。

（3）认为资源流动产生的效应不能一概而论；陈计旺（1999）指出发达地区把已经丧失比较优势和竞争优势的产业不断向落后地区转移，以及伴随着先进的管理经验和企业家精神的资本流动有助于缩小区际发展差距，而劳动力流动则趋向于扩大区际发展差距。劳动力流动和产业转移、资本流动之间存在着一定程度的替代关系。王小鲁和樊纲（2004）的观点则与陈计旺（1999）的观点恰恰相反，他们认为资本在各地区间的配置和流动是影响区域经济增长，从而影响地区差距的一个关键因素。在我国，由于市场导向的资本流动（包括外资在内）超过了政府导向的资本流动，地区间资本流动的整体趋势是向东部地区倾斜，这是导致地区差距扩大的关键原因。而劳动力从中西部流向东部地区，填补了市场空缺、活跃了当地经济，对东部地区的经济增长做出了贡献，同时劳动力流动还为中西部地区带来了大量的汇款，这将有助于缩小地区间的劳动报酬差距和人均GDP差距。李扬与殷剑峰（2005）也认为，剩余劳动力由农业向工业（工业化）、由农村向城市（城市化）、由国有向非国有（市场化）的持续转移是我国经济能够长期、高速增长的关键。李小平和陈勇（2007）认为，要素流动是影响生产率增长的一个重要因素，两者的关系反映在“结构红利假说”中：当投入要素从低生产率增长的部门向高生产率或高生产率增长部门流动时，会促进总生产率增长。他们使用常用的和扩展的shift—share方法实证检验了1998～2004年中国省际工业间的劳动力流动和资本转移对生产率增长的影响，发现劳动力流动对生产率增长的促进作用不显著；资本转移对生产率增长具有一定的促进作用；中国工业生产率增长的绝大部分原因还是内部增长效应。

5. 从网络的视角来分析资源流动

近期部分学者从网络的视角对资源流动进行了研究。喻卫兵（2007）对资源跨组织流动和企业边界的变化进行了分析，指出：企业本质上是资源和能力的集合体。而资源可以划分为有形资源和无形资源，有形资源具有可交易性和竞争性的特点，而无形资源则是不易模仿和难于交易，但它却可通过网络组织形式实现资源在企业间的让渡、复制或传播，从而实现资源的跨组织流动。聂锐和高伟（2008）基于生产要素跨区域流动视角，构建了区际要素流动的网络模型，文章采取网络分析方法来研究生产要素在区域间的流动，综合地强调网络节点的耦合性和区域间要素流动的新区域主义和生产全球化的观点，认为区域的发展最终依赖于各类生产要素如何耦合链接达到价值创造、价值增值和价值捕获。雷玉琼和徐刚（2010）提出了社会网络是资源流动的一个渠道，构建了社会网络资源配置的理论框架，并指出就社会网络而言，微观的自我中心网络通过社会网络资本配置资源，表现为单个行动者的社会网络资本生产和投资行为。行动者占据的位置和资源获取量是匹配的，对有价值资源进行控制和使用的不同位置构成一个连续的等级体系，资源呈倒金字塔状在各阶层间分布。同时，同一阶层或相似阶层的人们拥有相似数量的资源，呈横向水平相似的状况。如此一来，整体社会网络对资源的宏观配置结构呈横向水平相似和纵向等级递减状分布。

2.2.2　国外的相关研究

国外关于资源流动的研究主要是从如下两个层面来展开的，一是从宏观层面，即以国家为主体来研究资源流动；二是从微观层面，即从企业的角度来研究组织内部以及组织之间的资源流动。

1. 国家层面上的资源流动

关于国家层面上的资源流动的研究文献主要集中在对财务资源在发展中国家的流动进行的研究，这些文献检验了增长的决定性因素以及对接收国经济绩效的影响，致力于测量外国资本流动影响的研究文献有：（Basu et al.，2003；Chakraborty & Basu，2002；Ramirez，2000；Nair-Reichert & Weinhold，2000；French-Davis & Reisen，1998；De Mello，1996，1997；Chen et al.，1995；Elias，1990）。这些研究主要关注资本流动和经济增长的因果关系，达成的共识是两者之间存在双向的关系。

对资源流动的决定性因素的研究文献可分成两个方向，奥克斯利（Oxley，1995）以及利维（Levy ，1996）探测了财产权利的制度因素以及低成本技工和国内市场规模的供需方面的交易成本在解释资源流动增长方面的重要性。另外一组的研究，如瑟尔沃尔以及桑娜（Thirlwall & Sanna，1996），格雷戈里奥（Gregorio，1992）以及费舍尔（Fischer，1991）调查了宏观经济政策相关变量的重要性，如贸易条件、外债、国际信贷限制和国际相对价格在决定资本流动模式方面的重要性。格勒威利罗林斯（Glenville Rawlins，2004）分析了金融资源流动对拉丁美洲和东亚地区最大的资源接收国近10年经济结构的影响，以及随之而来的宏观经济政策的反应。

2. 企业层面上的资源流动

对组织内部层面的资源流动的分析主要集中于研究跨国公司内部的资源流动。威廉姆森（Williamson，1985）认为公司是一个交易网，并且交易是由三个维度组成的，分别是资本流动、产品流动和知识流动。对组织内部的资源流动主要是从资源的流动方向、影响资源流动的因素以及资源流动产生的效应等方面展开的。古普塔和戈文达拉扬（Gupta & Govindarajan，1991）通过对知识流动的关注，开创性地提出了知识流动的两个方向，一是从总部流向附属公司，二是从附属公司流向总部。戈尔德

（Gold，2001）以及古普塔和戈文达拉扬（2000）对于如何促进跨国公司内部的知识从总部流向下属公司进行了研究。而弗罗斯特（Frost，2003）以及蒂娜（Tina，2006）对跨国公司内部知识从下属公司到总部的反向流动进行了研究。

在跨国公司内部，影响资源流动的因素主要可以归纳为接收方的接收能力、发送方的发送能力以及双方之间的组织距离和文化距离。科亨和利文索尔（Cohen & Levinthal，1990）给吸收能力下了如下的定义：是指一个公司评估、吸收、利用新的外部知识的综合能力，并且认为一个组织的吸收能力具有累积性和路径依赖性。意味着接收方以前相关知识的存量决定了他对新知识的吸收能力。雅各布斯（Zmud & Jacobs，1994）认为具有较高吸收能力的组织，其资源转移效率也较高。里根（Reagan，2003）阐述了知识释放能力在知识转移中的重要性。唐方成（Fangcheng Tang，2010）认为知识发送方的释放能力与知识接收方的接收能力在知识转移中都起着重要的作用。释放能力是指知识的发送方以一种其他人可以理解的方式构建知识框架，并将之付诸实践，进而实现知识的高效转移。除了接收方的接收能力以及发送方的释放能力之外，接收方与发送方之间的组织和文化距离也是能否实现知识有效转移的重要因素。桑托斯（Santos，1997），万卡特拉曼·莱马克里斯（Subramaniam & Venkatraman，2001）以及滕卡西（Tenkasi，2000）均认为文化距离与组织距离对知识转移有负面影响，即双方之间的文化距离与组织距离越大，知识转移的难度也将越大，效率将越低。

对于资源转移效应的研究主要集中在对知识资源转移效应的研究，许多的研究都表明知识的流动具有正向的效应（Becerra-Fernandez & Sabherwal，2001；Gold et al.，2001；Gupta & Govindarajan，2000；Kogut & Zander，1993；Tsai，2001）。然而，并不是每一次知识的流动都会给接收方带来收益，一些企业可能接收了许多的知识，但是由于某些原因却没有改进运营的绩效，而一些企业可能接收较少的知识流入，却受益很大。蒂娜（2006）以 294 家跨国公司内部的知识转移样本为例对知识转移的效率进行了研究，得出了跨国公司内部知识如果是从较发达地区流向欠发达地区，将有利于竞争优势的发挥。然而在实践中知识的转移是有一定难度的，知识的交换、创造和整合是非常困难的，怎样有效并且高效的转移知识以及评估知识转移的效率是一件很有挑战的事情（Mu，Peng & Love，2008）。而莎拉·卡特（Sara Carter，2006）通过对发生在挪威农业部门的企业资源流动的案例研究发现：资源流动和企业绩效之间存在着复杂的关系，实体资产的转移有助于增加企业的绩效，而组织资产和知识基础资产的转移却减少了企业的绩效。

2.2.3 小结

（1）关于资源流动的概念，上述学者虽然在表述方面有所差异，但其实质是相同的，均认为资源流动是资源在不同空间位置、不同产业组群的运动和转移，包括资源的横向流动和纵向流动。生产要素的跨区域流动属于资源的横向流动的范畴。

（2）对资源流动动力和规律的研究众说纷纭，但其基本内涵是一致的，均认为潜在的收益和对资源的需求是资源流动的原动力。

（3）对资源流动的影响因素的研究，国内学者认为投资利润率的差异是其主要影响因素，同时强调了政策环境、市场环境、文化环境、自然环境等环境因子的重要性；国外学者主要从接收方的接收能力、发送方的发送能力以及两者之间的组织距离和文化距离等方面进行了阐述。

（4）对资源流动产生效应的研究大体上有三种观点，一是认为，资源流动会促进区域经济发展，提升区域竞争优势；二是认为，资源流动会导致地区差距的扩大；三是认为，资源流动产生的效应不能一概而论，物质资产、人力资本、组织资产以及知识基础资产的流动会产生不同的经济效应。

（5）资源流动研究的新视角——采取网络分析的方法来研究资源流动，提出了社会网络是资源流动的重要渠道。

2.3　关于并购绩效的研究

企业并购绩效一直是并购学术界关注的重点，对企业并购绩效的研究主要集中在并购绩效评价方法和并购绩效影响因素的分析这两个方面。

2.3.1　并购绩效主要评价方法研究

1. 事件研究法

事件研究法是指运用公司的股票价格数据计算公司的超常收益，从而测定某一特定经济事件对公司价值的影响。事件研究法根据超常收益考察时期的长短又可分为短期事件研究法和长期事件研究法。其中短期事件研究法，考察时间段通常为并购公告前后 1 ~ 3 个月，长期事件研究法，考察时间段通常为并购后 1 ~ 5 年。本书主要对长期事件研究法的现有文献进行回顾。

国外使用长期超额收益法来衡量并购公司绩效的实证研究较多。阿格拉沃尔（Agrawal，1992）在研究了 1955 ~ 1987 年发生的 1164 个并购事件后得出了如下结论：被收购公司在并购后一年内的累计超常收益为（ -1.53%），2 年内为（ -4.94%），3 年内为（ -7.38%），即被收购公司并购后的绩效呈现逐年下降的态势，说明并购活动在总体上是不利于被收购公司股东的。洛克伦（Loughran，1997）以发生于 1970 ~ 1989 年 947 起并购事件为样本，考察了收购公司在并购之后 5 年内的股价变化情况，发现收购公司的超常收益（BHAR）与公司并购支付方式以及并购方式有关，现金支付方式的并购样本具有显著为正的超常收益，兼并的超常收益为（ - 15.9%），而要约收购的超常收益却达到了 43%。格雷戈里（1997）通过对发生在 1984 ~ 1992 年 452 起并购事件进行研究后发现：多元化并购在公告日后 2 年内的平均累积超常收益显著为负，达到

(-11.33%)，相关行业并购在公告日后2年内的平均累积超常收益为(-3.48%)，尽管累积超常收益均为负，但相比较而言，相关行业并购绩效显著好于多元化并购绩效。阿格拉沃尔（2000）总结了1974~1998年22项收购公司长期绩效的研究文献，得出的总结性结论是：兼并的长期超常收益为负，要约收购的长期超常收益非负（甚至为正）；现金作为支付方式的并购，长期超常收益为正，股票作为支付方式的并购，长期超常收益为负。穆勒（Moeller，2005）以1980~2001年发生的12023起并购事件为样本，研究发现并购引起的短期和长期股价表现与公司规模有着密切的关系，小规模公司在并购中获得了财富的增加，而大规模公司却遭受了显著的财富损失，说明了规模效应比影响财富变化的其他因素更为重要。

国内学者在研究并购长期绩效问题时，运用的主要方法是会计研究法，但近年来，部分学者开始使用长期事件研究法来研究企业的绩效变动趋势。余力和刘英（2004）采用长期事件研究法，以CAR作为绩效的衡量指标，对1999年发生的85起控制权转让事件和2002年发生的55起重大资产重组事件的并购绩效进行了分析，发现并购重组提高了目标公司的收益，但对收购公司的收益影响不大。李增泉等（2005）以1998~2001年发生的兼并收购公司为研究样本，研究发现掏空性并购在1~2年内CAR由(-3.76%)变为(-6.09%)，支持性并购在并购后1~2年内CAR由13.58%变为8.70%。赖步连等（2006）通过计算收购公司的长期累积超额收益后发现，以股价反映的收购公司长期绩效（1~3年）呈明显下降趋势，并认为由投资者异质预期引发的异质波动可能是造成并购后长期绩效低下的一个重要原因。还有一部分学者采用BHAR来计算收购公司和目标公司的长期超额收益，李善民和朱滔（2005）以及朱滔（2006）通过交叉分组的方法，计算控制了公司规模和权益账面——市值比效应的BHAR，发现收购公司股东在并购后1~3年内的BHAR显著为负。然而，朱红军和汪辉（2005）以1998~2001年发生的62起目标公司为研究样本，采用与李善民和朱滔（2005）同样的方法来计算目标公司的长期超额收益，却得出了目标公司在并购后5年获得了巨大的超额收益的研究结论。

因此，从长期来看，并购似乎并没有为收购公司股东创造价值，但目标公司股东都获得了统计显著性为正的长期超额收益。

2. 会计研究法

会计研究法是采用企业的相关财务信息，以反映企业经营绩效的相关财务指标为评判标准，通过对比企业并购前后或企业在并购以后与同行业其他企业相比绩效的变化来分析并购事件对企业绩效的影响。

国外学者采用会计研究法对企业并购绩效作了大量的研究，由于所选取财务指标的不同导致了研究结果存在一定的差异。穆勒（1988）将同行业作为控制样本进行配对检验，发现公司重组后的绩效不但没有提高，甚至出现了下降的趋势。然而，谢勒（Scherer，1989）通过检验发生于1950～1976年美国的471家目标企业的盈利水平后，得出了并购减少企业价值的研究结论。希利以及帕利普（Healy & Palepu，1992）以经营现金流量总资产收益率作为并购绩效的衡量指标，研究了1979～1983年美国工业行业前50大并购案例，得出了如下结论：并购提高了这些公司（相对于行业）的绩效，并且绩效的提高与股东价值的增加是高度相关的。休斯敦（Houston，2001）、德隆（DeLong，2003）以及佐罗（Zollo，2004）采用资产净利率（ROA），依斑娜（Ibanez，2004）采用净资产收益率（ROE）来衡量并购引起的企业绩效的变化，得到的一致性结论是：并购并没有提高被收购企业的绩效。然而，坎帕拉（Campa，2006）以及科尼特（Cornett，2006）通过对欧洲银行业的并购进行研究，却得出了被收购银行获得了较大收益的研究结论。凯文（Kevin Keasey，2009）以经营现金流量总资产收益率作为并购绩效的代理指标，对欧洲和美国银行业的并购事件进行研究，得到了如下结论：欧洲银行间的并购取得了正的回报，而美国银行之间的并购绩效为负。

可见，国外学者在用会计指标法对并购企业绩效进行衡量时，由于所选取指标的不同使得研究结论差异很大。

与西方众多文献按目标公司与并购公司进行分类研究相比，国内研究文献除了按目标公司与收购公司的分类进行研究之外，还按并购标的的处置方式以及并购的业务关联关系做了相关的研究。

按目标公司与收购公司分类进行研究的学者有：张新（2002）在对公司并购的市场反应进行检验后，进一步检验了并购后的经营业绩，发现目标公司的业绩短期内（并购当年和并购后第一年）有明显好转，但从长期来看却缺乏持续性；收购公司的业绩则一直呈现下降的态势。李善民等（2004）研究了1998～2002年发生于上市公司之间的40起并购事件，采用16个财务指标从上市公司的盈利能力、资产管理能力、偿债能力、资本结构和经营发展能力五个方面来综合评价并购绩效，发现收购公司绩效逐年下降，而目标公司的绩效则有所上升。屈颖爽等（2008）以2003年、2004年深圳和上海证券市场中具有代表性的81起上市公司并购事件为样本，选用每股收益、净资产收益率、资产净利率、资产报酬率、主营业务利润率、净资产周转率、总资产周转率、主营业务收入同比增长率、主营业务利润同比增长率、净利润同比增长率等10个财务指标，采用因子分析法对上市公司的绩效变化情况进行了研究并得出了如下结论：并购显著地提高了收购公司当年的经营绩效，但随后其绩效出现了下降的趋势甚至抵消了之前的提高，也就是说，并购并没有实质性地提高收购公司的经营绩效；目标公司的经营绩效在并购当期出现了下降的趋势，之后开始上升并超过了并购前的水平，即并购提高了目标公司的绩效。李志刚等（2008）以2003年、2004年沪深两市上市公司中的40家收购公司和41家目标公司为样本，采用每股收益、净资产收益率、资产净利率、资产报酬率、主营业务利润率、净资产周转率、总资产周转率、主营业务收入同比增长率、主营业务利润同比增长率、净利润同比增长率10个财务指标，同样采用因子分析法对上市公司的绩效变化情况进行了研究，得出的结论是：从总体样本公司看，并购总体绩效在短期内会得到改善，但从长期来看，并购并没有带来效率的提高。对于收购公司而言，并购当年绩效有较大幅度地提高，随后绩效开始下降，甚至抵消了之前的绩效提高，即并购同样没有实质性地提高收购公司的经营绩效。对于目标公司而言，并购当期绩效呈现下降态势，之后开始上升，即并购提高了目标公司的整体效率。

按并购标的的处置方式进行研究的学者有：张德平（2002）以1996～2000 年发生的并购事件为样本，选取了反映公司盈利能力、成长能力、资产管理能力、偿债能力、股本扩张能力和主营业务鲜明状况 6 个方面的 19 个财务指标进行了综合分析，发现有 60.38% 的上市公司并购后的经营业绩得到了改善，而另外 39.62% 的上市公司其经营业绩却没有得到改善甚至出现了恶化；在各种方式的并购中，资产转换类并购的上市公司其经营业绩得到改善的比例最高，股权无偿划转类并购的上市公司其经营业绩出现恶化的较多。李善民、李珩（2003）以 2000 年发生资产重组的上市公司作为样本进行了主成分分析，利用 Wilcoxon 秩和检验对发生资产重组的上市公司重组前后共四年的绩效变化进行了考察，结果发现：只有收缩类公司的绩效在重组两年后发生了显著改善，其他类型的资产重组并未使上市公司绩效发生显著变化。袁茜（2006）以我国 2002 年发生资产重组的上市公司为样本，选取总资产周转率、资产净利率、每股收益和净资产收益率四个财务指标，采用主成分分析法对不同类型资产重组进行了实证分析，结果表明除债务重组以外，其余类型的并购样本在资产重组后的第一年业绩均有所下降。姚禄仕和李胜南（2007）以 2003 年完成资产重组的上市公司为研究对象，采用每股收益、主营业务利润率、净资产收益率、流动比率、速动比率、资产负债率、总资产周转率、存货周转率、总资产增长率和净利润增长率等 10 个财务指标，运用因子分析法对资产重组公司的绩效进行检验，结果表明资产重组只能在短期内改善上市公司的绩效，长期内没有显著的作用；从不同类型的重组方式来看，只有股权转让类样本在重组后业绩是持续上升的，其余类型样本均没有表现出明显的绩效改善效果。吴豪、庄新田（2008）采用财务数据法，从宏观和微观两个层次，对不同类型并购事件的绩效进行了实证分析，结果表明：并购事件从整体上得到了市场的认同，上市公司并购后经营业绩有一定的提升，但缺乏持续性；资产置换类和股权转让类并购绩效较好，而收购兼并类和资产剥离类并购绩效相对较差。相关研究成果还有陆国庆（2000）、万朝龄（2000）、张文璋（2002）等，但研究结论并不一致。

按并购的业务关联关系进行研究的学者有：郭永清（2000）从上市公司并购活动的动因出发，将 1994～1998 年深沪两市发生的并购案例按照横向、纵向和混合模式进行了分类，分别考察三种不同并购模式的上市公司绩效，结果表明混合并购明显地提高了上市公司的财务绩效，纵向并购对企业的财务绩效没有改善作用，而横向并购不但没有提高上市公司财务绩效反而使其更加恶化。冯根福和吴林江（2001）选取了 1995～1998 年发生的 201 起并购事件作为研究样本，并将样本按照横向并购、纵向并购和混合并购进行了分类，选择主营业务收入/总资产、净利润/总资产、每股收益和净资产收益率 4 个财务指标，运用主成分分析法对上述并购样本进行了实证分析，结果表明：从整体上看，并购当年和并购后第 1 年公司的业绩有所提高，但缺乏持续性；混合并购的长期优势十分有限，横向并购的长期绩效较为明显。方芳（2002）采用因子分析的方法，对 2000 年发生并购的 80 家上市公司的财务指标进行并购前后的比较，也发现了类似的结果。范从来和袁静（2002）进一步考察了这三种并购模式与公司成长阶段的关系，研究发现，处于成长性行业的公司进行横向并购绩效最好；处于成熟性行业的公司进行纵向并购绩效最好；处于衰退性行业的公司进行横向并购绩效最差。屠澄（2008）以调整过的 EVA 指标作为绩效的替代变量对我国上市公司的并购绩效进行了实证分析，结果表明：并购能够提高上市公司的绩效，但是不同并购类型的公司并购后的绩效具有较大的差异性，横向并购公司并购后的绩效呈现逐年上升的态势，而纵向并购和混合并购公司的绩效则呈现先降后升的趋势。

由此可见，即使采用同样的研究方法对并购后的绩效进行分析，得出的结论也具有较大的差异，可能的原因主要有几个方面，一是样本选择的差异；在样本选择方面，存在样本筛选条件不一致而导致的样本大小、行业类别和时间跨度存在差异，这势必对研究结果产生一定的影响。二是财务指标选择的差异；财务指标的选取具有较强的主观性，而且多个指标之间存在一定相关性容易导致评价的重复，使得研究结论缺乏可比性。三是对比基准选择的差异；在选择绩效对比基准时，需要综合考虑企业发展的外部经济环境、行业特征、企业规模等因素对企业绩效的影响，可见对比基准选择的不一致同样也会对绩效的结果产生影响。

2.3.2　并购绩效影响因素研究

影响并购绩效的主要因素可以概括为组织因素、行业特征因素和并购交易特征因素。

1. 组织因素

组织因素的影响主要是指并购双方企业的相对规模、并购企业的股权结构以及并购经验等对并购绩效的影响。

（1）并购双方企业的相对规模与并购绩效。

在并购活动中，由于并购双方规模存在差异，企业可以通过“大吃小”、“小吃大”和“强强联合”三种并购模式来进行产业整合，不同的并购模式会对并购价值创造产生不同的影响，在国内外研究文献中，并购双方的相对规模对收购公司并购绩效的影响主要有如下两种观点。

一种观点认为，目标公司相对于收购公司的规模与收购公司并购绩效呈正相关；罗尔（Roll，1986）以及桑德萨那姆（Sudarsanam，1996）均检验了并购公告日前后短期内收购公司的超额收益，发现目标公司规模对收购公司的短期绩效会产生积极的影响；陈秋冬与王少华等人（2005）通过对目标公司规模与收购公司长期绩效之间的关系进行检验，发现目标公司规模与收购公司长期绩效呈正相关。另外一种观点则认为，目标公司相对于收购公司的规模与收购公司并购绩效呈负相关。塞罗沃（2000）通过总结前人文献以及自己的实证研究，发现目标公司的相对规模更大时，收购公司的并购绩效通常会更差。迪奇（Tichy，2001）也将“相对规模与并购绩效负相关”列为并购的18个典型事实之一。李善民和郑南磊（2008）以青岛啤酒和燕京啤酒为典型案例，研究分析后发现，产业整合以及股权分置的独特背景使得收购小规模目标公司的优势得以有效发挥，而大规模并购的优势却被抑制。也有研究发现，并购企业的相对规模与并购绩效之间不存在显著的相关关系（宋希亮，2010）。

（2）并购企业的股权结构与并购绩效。

股权结构是指公司股东权益设置的具体形态，即不同出资者拥有的不同类型股权在股份公司中的比例及其相互关系，包括股东属性、控股权归属、股权的比例分布以及股东之间的关系等方面的内容。本书将主要回顾并购前收购方的股权性质以及第一大股东持股比例对并购绩效的影响。

首先，分析不同股权性质的收购公司市场绩效；在股权分置时期，我国证券市场的并购行为是一种非市场化条件下的企业行为，有政府介入的并购活动可能获得更低的收购价格，更便捷的收购过程以及更多的优惠政策，短期内有利于改善并购绩效（朱滔，2007）。从长期看，我国上市公司大部分是国有企业，上市过程一般都是将营利性较好的资产剥离出来上市，而营利性较差的资产留在母公司，作为上市公司控股股东的母公司，自然需要上市公司的资金支持来维持剩余部分的日常运行，由于是以净资产作为考核指标，上市公司只需向上级主管部门负责，导致国有股东采取各种手段从上市公司转移收益（刘峰、贺建刚和魏明海，2004；屠巧平和张采玉，2005）；而非国有公司的并购行为既缺乏政策的支持又缺乏来自流通股东的制衡机制。因此，国有性质的收购公司比非国有性质的收购公司在短期内对市场绩效的改善作用更为显著，而随着并购后时间的拉长，这种改善作用越来越弱。

其次，分析第一大股东持股比例对收购公司市场绩效的影响。国内学者冯根福和吴林江（2001）采用基于财务经营业绩的财务指标法来衡量并购前后的业绩变动，发现并购前上市公司的第一大股东持股比例与并购绩效在短期内呈正相关关系，但与并购后各年绩效的关系不大。李善民、曾昭灶（2004）等人以1999～2001年发生兼并收购的84家上市公司为样本，以经营现金流量总资产收益率来衡量上市公司并购后的绩效，分析结果表明：第一大股东的持股比例可以很好地解释并购绩效，且第一大股东持股比例越大的公司并购绩效越好。李青原（2007）通过对股权结构与并购绩效的研究发现：并购前一年第一大股东持股比例与并购重组当年及后一年的并购绩效呈显著正相关，而在其他时期没有显著的相关性。然而保罗（Paul，2007）却发现控股股东持股比例和收购公司的超额收益之间是一个非线性的关系。刘大志（2010）从股权结构的角度出发，选取深沪40 家上市公司 2002 ~2008 年年报财务数据，对我国上市公司股权结构与并购绩效之间的关系进行了实证分析并得到了如下结论：大股东的国有股权性质对公司并购绩效具有负效应，管理层持股与并购绩效呈负相关，反映股权集中度的 Z 值和并购绩效呈负相关，流通股比例与并购绩效呈正相关。

（3）并购经验与并购绩效。

经验是组织中的一种主要学习资源。一般来说，在并购方面的经验越多，失去潜在价值的风险就会越少。希特（Hitt，1993）等人研究了 12 起成功的并购事件，发现并购业绩与并购经历呈正相关。他们划分成功并购的标准是经行业调整后的资产收益率和研发密度在并购后增加，他们发现并购经验带来了更大程度的协同效应以及更快、更有效的并购整合过程。可是，芬克尔斯坦（Finkelstein，2002）认为组织先前的并购经验与并购绩效的关系呈 U 形分布。目标企业与之前的目标企业越相似，并购效果会越好。但当这些先前经验如果被不适当的总结，组织先前的并购经验与并购绩效没有显著的相关性，甚至呈负相关关系。

与芬克尔斯坦（2002）的研究结果类似，贾昌杰（2003）的研究发现，以往的并购经验对并购业绩的影响有一个先升后降的过程，即：在短期看来，企业可以从以往的并购行为中汲取经验，提高当前实施的并购战略的绩效，从长期看来，以往的成功经验会给企业的并购战略带来惯性，这种惯性开始很小，随着时间的推移惯性逐渐增加，增加到一定的程度时就会给企业带来危害。而马海峰（2009）用 logistic 回归分析法对并购经验与并购绩效的关系进行了检验，却得出了并购经验对并购绩效的影响不显著的研究结论。

2. 行业特征因素

行业特征因素是指行业相关性对并购绩效的影响，具体指相关并购与不相关并购对并购绩效产生的不同影响。

并购按行业关系划分为横向并购、纵向并购和混合并购三种类型。横向并购是指生产同类产品，或生产工艺相近的企业之间的并购，实质上也是竞争对手之间的合并。纵向并购是指与企业的供应厂商或客户的合并，即优势企业将同本企业紧密相关的生产、营销企业并购过来，以形成纵向一体化，实质上是处于生产同一产品、不同生产阶段的企业间的并购。混合并购是指既非竞争对手又非现实中或潜在的客户或供应商的企业之间的并购。三种并购类型具有不同的功能和特点。横向并购容易形成规模经济，容易形成垄断；纵向并购可以节约交易费用，有利于协作化生产；而混合并购的经济原理则较为复杂，采取多样化经营策略以分散经营风险固然是其主要动因，而谋求组织资本和声誉资本的保护以及在财务和税收方面的好处也是其动因之一。

对并购类型与并购绩效二者之间的关系，不同的学者进行了相关的研究但结论并不一致。冯根福、吴林江（2001）研究发现：不同类型的并购活动并购后各年的绩效显示出一定的差异性，混合并购在并购后第一年的绩效较为显著；而横向并购绩效在并购后第一年并不显著，然后其绩效呈上升趋势，到并购后第三年，横向并购的绩效反而优于混合并购；纵向并购绩效明显不理想，尤其在并购第二年后呈快速下降趋势。方芳（2002）、吴育平（2002）以及刘志刚（2007）的研究结论大致相同，均认为横向并购可以在短期内使企业绩效小幅下降，但从长期来看会使企业获得规模效应，使得绩效提升；纵向并购由于可以节约交易成本，所以长期来看绩效是增加，但由于整合需要的成本和时滞，短期内绩效会有下降；混合并购大多是缺乏规划的快速扩张，所以绩效虽然短期有所增加，但长期来看会有大幅下降。贾昌杰（2003）的研究发现，并购双方的相关性越高，并购业绩越好。而周小春、李善民（2008）以问卷调研获得的 63 家中国上市公司的并购交易为样本，实证研究发现行业相关度对并购创造价值没有直接影响，但有正的间接影响。

3. 并购交易特征与并购绩效

并购交易特征对并购绩效的影响主要是指并购支付方式以及并购的关联属性的不同对并购绩效产生的影响。

（1）并购支付方式与并购绩效。

从公司财务理论可知，并购支付方式包括现金和有价证券两种。不同的支付方式会对并购双方的股东收益产生不同的影响，主要表现在如下三个方面，一是税务因素。埃克博（Eckbo，1983）提出纳税协同效应的观点，认为并购可以更好地利用避税手段，如纳税、资本利得税和增加资产。以股票作为支付方式有延迟目标企业股东纳税和进行税种替代的功能，对目标公司股东有利；而采用现金方式支付时，收购方增加了资产，从而扩大了折旧避税额，所以收购方也愿意支付更高的价格。二是信息不对称因素。利兰和派尔（Leland & Pyle，1977），特拉弗洛斯（Travlos，1987）以及路易斯（2002）都认为，当企业意识到价值被高估，管理层就会利用所拥有的私人信息发行证券为并购融资，所以股票价格并不能准确反映并购的信息，从长期看这会导致公司股价下跌。维尔马伦（Vermaelen，1998）也指出，股票融资型并购会使投资者产生收购方价值被高估的预期。因此，当并购消息被公布时，收购方的股价会因投资者的预期回归而趋于下降。三是信号因素。该理论表明，支付方式的选择揭示了未来的投资机会或现金流量情况。现金融资型并购表明，收购方的现金资产可以产生较大的现金流量，或者表明收购方有能力充分利用目标企业所拥有的或由并购所形成的投资机会；相反，股票融资则是一个不良信号。因此，从理论上来说，收购方采用现金并购的超常收益通常要高于股票并购；而目标企业采用这两种类型的并购收益均为正值，但一般股票并购的收益要显著低于现金并购所获得的收益。从实证检验结果来看，无论是从短期（Trawlos，1987；Walker，2000;）还是从长期（Linn & Switser，2001；Sudarsan & Mahate，2006）来看，大部分研究都支持了现金并购比股票并购可以产生更多的超常收益的结论。然而，也有学者得出不同结论，路易斯（2002）发现，在采用现金并购时，收购方的长期超常收益为零，无显著差异，而股票并购收益则显著为负。西奥（Faccio，2006）的研究却发现并购绩效与支付方式无关，而是与目标公司是否为上市公司相关。

由此可见，现有的实证检验结果大体上支持了理论研究，但是，在收购方获取超常收益的程度这一问题上，仍然存在分歧。施莱费尔（Shleifer，2003）从行为金融的角度出发，提出导致分歧的主要原因是由研究支付方式对并购绩效影响的条件不同造成的，认为市场并不是完全有效的，并购双方的市值会偏离其真实价值，并购公司将根据双方股票价值的高低决定采取哪种支付方式，例如，价值高估的公司趋向于使用股票作为支付手段收购价值低估的公司，从而弥补长期股价可能下跌的损失，因此，在市场无效条件下，支付方式本身并不会对并购双方收益产生影响，影响双方收益的是各自股票市值偏离真实价值的程度及方向。股权分置背景下，非流通股和流通股同时存在，非流通股难以合理定价，而且上市公司发行新股票要受到盈利水平等多方面的制约，这些都使得国内上市公司兼并收购支付方式局限在现金支付或者无偿划拨之类的行政手段，使用股票支付的情况几乎不存在。因此，国内在上市公司兼并收购支付方式方面所能展开的研究十分有限，主要局限在规范讨论的范围内，实证研究较少（华斐铭等，2007）。杜兴强和聂志萍（2007）对 1998 ~ 2003 年发生的 2128 起并购交易分析后发现，市场认同现金支付的并购交易，表明投资者认同“现金为王”的观念，较少考虑由此产生的财务风险。股权分置改革完成后，支付方式实现多元化，学者们也开始重视对支付方式的研究，曾颖（2007）运用市场模型检验股改后不同支付手段资产注入的市场反应，研究发现，与现金支付方式相比，公司以股权作为支付方式收购控股股东资产的市场反应更强烈，而以其他非现金资产作为支付手段则会产生负的财富效应，可见不同支付方式下的并购效应存在显著差异。

（2）并购关联属性对并购绩效的影响。

在国内，关联交易主要发生在上市公司与其母公司之间或与母公司下属的其他子公司之间，其规模达到整个并购市场规模的50%左右。国内学者对关联交易并购绩效的研究主要是以西方现有的关于关联交易的研究作为理论基础，结合中国的特殊制度背景来展开的。王跃堂（1999）通过对关联并购和非关联并购二者产生的并购绩效进行对比分析，发现关联方资产重组较非关联方资产重组有更为明显的操纵财务报告业绩的倾向，从而达到保壳和保配的目的。李善民（2004）对关联交易并购绩效的研究发现：在存在关联交易的并购活动中，主并公司拥有被并公司的信息越多，越容易预期并购带来的收益。刘志强（2007）也对关联交易并购绩效进行了研究并得出如下结论：由于关联企业间的资产重组大多可以实现改善上市公司的经营业绩和财务状况，促进公司规模经营、提高市场竞争力、降低交易费用等功能，因此关联交易从长期来看对并购后公司绩效有显著的正向影响，即关联并购绩效要好于非关联并购。而宋献中和周昌仕（2007）则发现关联并购行为具有较强的投机性，关联收购公司的竞争优势要弱于非关联收购公司。刘鍇（2009）对并购关联属性与并购绩效关系的研究发现：控股股东进行关联并购行为背后的动机隐藏比较深，短期内市场对关联并购有良好的预期，体现出来更多的是“价值创造”效应；但从长期来看，控股股东“支持”行为背后的动机迥异，“价值创造”效应与“价值侵害”效应共存，因此，并购关联属性与长期市场绩效之间不存在显著的相关关系。

2.3.3　小结

国内外关于并购绩效的评价方法主要有事件研究法和会计研究法，事件研究法的缺陷在于：无论是在短期还是在长期，资本市场的微观结构运行都不是完全有效率的，因而股票市场不能充分反映并购所公布的所有相关信息。同时，投资者的心理预期也会影响股价反映并购价值的正确性。因此，事件研究法的适用性要受到一些因素的制约和影响。相比较而言，会计研究法较适用于我国企业对并购长期绩效的计量，尽管它也有一定的不足。国内外对并购绩效影响因素的研究主要是从企业自身特征、行业特征和并购交易特征等层面来分析的。但由于研究方法、样本选择标准、研究变量的选择等方面的差异导致现有的研究结论差异很大。

总之，上述关于并购绩效的研究存在三处不足：(1) 缺乏从企业并购动因与并购绩效关系上对企业并购绩效进行系统研究；(2) 对并购绩效影响因素的分析着重于从企业自身特征以及并购交易特征的层面来分析其对并购绩效的影响，缺乏从更深层次——资源层面对企业并购绩效的深入研究；(3) 对绩效的评估集中于微观层面，即集中考察并购对企业本身的影响，而对中观层面和宏观层面缺乏评估，没有考虑并购对证券市场的影响以及并购的社会效益。

2.4 文献回顾小结

(1) 跨区域并购的现有研究文献侧重于从国家的宏观层面以及区域的中观层面来研究跨区域并购的效应，尽管部分学者也意识到了跨区域并购有助于资源在更广范围的流动，进而改善资源配置效率，但没有对跨区域并购引起的资源流动机理进行深入分析，也没有从微观层面考虑跨区域并购对企业绩效的影响。

(2) 国内外关于资源流动的理论研究中，一般是利用经济学和资源科学解释了资源流动的一些现象和特征，不够系统和全面，且大多集中在资源流动的表面特征上，缺乏对资源流动内在规律的深层次挖掘。关于资源流动的应用研究大多是从资源纵向流动的角度进行分析，鲜有从并购引起资源流动这个角度来研究的。对于并购与资源两者关系的研究较少，中国企业兼并重组研究中心对两者的关系做了一些基本的研究。张金鑫

（2005）从战略的角度研究了并购双方资源的匹配性，得出的基本结论是：战略资源的潜在协同和转移效率是并购双方匹配的关键；战略资源的潜在协同决定预期协同的潜力，战略资源的转移效率决定预期协同实现的难度。周琳（2006）对企业并购的资源协同进行了研究，得出的基本结论是：企业是一个资源的集合体，任何两个企业都不可能拥有完全相同的资源。由于并购双方资源在数量、质量、时空、结构等方面存在差异，并购后相互之间可能产生替代、互补、增进、冲突多种作用。此外，资源协同不仅是并购双方之间相互协调的过程，而且还受所处环境的控制和制约。

（3）国内外对并购绩效的研究较多，但由于研究方法、样本选择以及变量选择等的差异，研究结论差异较大；对区域内上市公司并购绩效的研究较多，缺乏对跨区域并购绩效的研究。对并购绩效的研究着重于从并购的交易特征、股权结构特征和企业自身特征等方面进行分析，缺乏从更深层次——资源的视角来研究并购绩效，更没有从资源流动这个视角来研究跨区域并购企业的长期绩效。

基于此，本书拟探讨跨区域并购引起资源要素流动的机理以及资源要素流动改变企业长期绩效的机理，并且将以中国经济社会为背景，以资源流动作为中间变量来实证检验跨区域并购企业的长期绩效。为决策者提供了使之驾驭并购、趋利避害的理论分析工具和提供有益的研究结论。

相关理论分析

本章主要对与本书研究主题相关的交易成本理论、资源基础理论、组织学习理论以及协同效应假说从并购的层面进行了梳理，这些理论为本书研究框架的建立提供了理论基础。

3.1 交易成本理论

交易成本理论主要是强调了交易成本在确定企业边界中的重要地位，交易成本理论在并购中主要是用来解释并购动因的。下面将简要介绍交易成本理论的发展脉络以及公司并购的交易成本理论分析。

3.1.1 交易成本理论的发展脉络

英国经济学家科斯（Ronald H. Coase）于1937年在《企业的性质》

一文中首次提出了交易成本理论，该理论认为：企业的边界是由市场交易成本与企业组织成本的相对高低决定的。也就是说，如果一项商业活动的市场交易成本高于企业组织成本，那么企业会选择在内部完成该项活动；否则，交由市场来完成。对交易成本学说做出了重要贡献的另一位经济学家威廉姆森（Williamson）认为，交易成本概念的一般要素包括如下三个方面：机会主义、交易专用性投资和信息。更为重要的是，威廉姆森（1985）用交易成本理论对并购行为的发生进行了解释，认为并购（尤其是纵向并购）的动因是为了降低市场的交易成本。凯（Kay，1984）以及埃纳尔（Hennart，1991）都假设经济组织具有两种形式，分别是市场和公司内部组织，因此对资源配置的管理就会产生交易成本和组织成本。迪特里希（Dietrich，1991）进一步将交易成本分为调查和信息成本、谈判和决策成本以及制定和实施政策的成本。

迪屈奇·迈克尔（1999）指出："科斯未能认识到公司的最重要特征是对生产与销售过程的管理"，并认为仅仅从节约交易成本的分析中就得出企业会替代市场的结论是不正确的。除了静态比较交易成本和组织成本的大小之外，还应该从能否为企业带来收益的角度去分析企业边界的变化。也就是说，即使交易成本高于组织成本，但是如果通过企业来组织生产的收益低于市场收益的时候，企业替代市场的情况也可能不会发生；同样，即便组织成本高于交易成本，但是如果通过市场来组织生产的效率低于企业时，企业替代市场的情况却可能会发生。因此得出了企业的边界是由成本比较和收益比较共同决定的。而汪丁丁（1995）认为：交易成本或制度的成本"只不过是某个实现了的博弈对每一个参与博弈主体的主观价值而言的机会成本。而这个机会成本是由他所放弃了的那些经由他个人影响可能实现的博弈均衡的最高主观价值所决定的。"

陈玉罡、李善民（2007）在上述学者对交易成本研究的基础上，进一步将"交易成本"划分为显性成本和隐性成本。他们认为利用任何制度或治理结构的成本都可以分为显性成本和隐性成本，利用市场机制的显性成本就是科斯所提的"交易成本"；而运用企业组织所可能获得的"效益"

则可以看做是利用市场机制的隐性成本。这一“效益”来源于利用企业组织的收益（比如协同效应带来的收益）与组织成本的差额。隐性交易成本可以为正也可以为负，如果隐性交易成本与显性交易成本之和大于零，则表明利用市场机制是不合理的；隐性交易成本与显性交易成本之和小于零，则表明利用企业组织是不合理的。因此，企业在做并购决策时，需要考虑的是显性交易成本以及隐性交易成本两者之和，当两者之和为正时，企业并购就会发生。

3.1.2 公司并购的交易成本理论分析

交易成本理论认为并购是由于效率和成本方面的原因而引起的。具体而言，并购是企业内部的组织协调对市场协调的替代，其目的是通过扩张带来效率的提高和成本的减少。交易成本理论通过“资产专用性”、“交易的不确定性”和“交易频率”这三个概念，对纵向并购给出了自己的解释，即交易所涉及的资产专用性越高，不确定性越强，交易频率越大，市场交易的潜在成本就会越高，纵向并购发生的可能性就会越大；当市场交易成本大于企业内部的组织协调成本时，纵向并购就会发生。交易成本理论还以“内部市场”学说对混合并购做出了解释，即混合并购之所以发生，是因为企业的内部市场能节约交易成本，或者说比外部市场更有效率。也就是说，通常情况下多部门组织可以运用决策职能与执行职能分离等组织原则，使其不相关经济活动的管理费用低于通过市场进行交易所发生的费用。因此，可以把多部门组织看成一个内部化的资本市场，通过统一的战略决策，使得不同来源的资本能够集中投向高盈利部门。这使得资本市场经由管理协调取代市场协调而得以内在化，进而大大提高了资源的利用效率。正如威廉姆森（1985）所言：“混合型企业组织的基本功能在于，它能够有效地把资源分配到高盈利部门。”

并购是企业组织替代市场机制的一种重要形式，并购不但可以节约显性交易成本，而且还能提高组织效益，降低公司并购之前的隐性交易成本。如果一个管理效率高的公司收购一个管理效率低的公司能够提高合并后公司的收益，那么管理效率高的收购公司在并购前的隐性交易成本就会为正，因此，公司会倾向于通过并购来降低隐性交易成本。同样，并购协同效应的取得也可以从隐性交易成本中得到解释。隐性交易成本是利用市场机制的机会成本，即企业组织变革所带来的收益与成本的差额。在不考虑市场显性交易成本的情况下，如果并购的协同效应带来的组织收益的增加超过了组织成本的增加，则意味着并购前的隐性交易成本为正，因此，此时的并购降低的是隐性交易成本而非显性交易成本。公司之间的成长能力和资源的不平衡程度越高，可能获得的协同效应就会越强，隐性交易成本也会越高，那么并购发生的可能性就会越高。从隐性交易成本的角度分析，由于代理成本增加了利用企业组织的成本，从而使得隐性交易成本偏低，因此，代理成本起着降低并购可能性的作用。

3.2　资源基础理论

资源基础理论主要是从企业的内部资源入手来研究企业的竞争优势，该理论目前已经成为战略管理领域中最重要的理论之一，为研究企业竞争优势的来源提供了全新的视角。本节主要对企业资源基础理论的发展脉络、主要内容以及核心概念进行了梳理。

3.2.1　企业资源理论发展脉络

企业资源理论的鼻祖彭罗斯（Penrose，1959），在《企业成长理论》中提出了企业资源理论的基本思想以及她的一些看法和见解，该思想成为了企业资源理论的核心内容。具体内容包括，一是将企业看成是资源的集合体；她认为，“企业不仅仅是一个管理单元，同时也是生产性资源的集合体。”二是认为企业就其所拥有的资源来说是异质的；三是企业的资源会对企业的绩效产生影响。她认为实物资源和人力资源与企业绩效之间存在着相关性，而资源与企业绩效之间的相关性恰恰是企业资源理论所关注的核心问题之一。

20世纪80年代之后，企业资源理论得到了丰富和发展，代表学者有：沃纳菲尔特（Wernerfelt，1984）在其发表的《企业资源观》一文中，首次提出了从企业资源角度来研究企业的竞争优势的观点，他认为企业从生产和经营中所开发出的独特资源不仅仅是企业获得持续竞争优势的潜在源泉，也是企业获得高的经济租或者超额收益的源泉。沃纳菲尔特以企业战略的高度将企业竞争优势的来源由传统的“产品”转变为“资源”，该转变将战略制定的基础由外部的“产业竞争分析”转移到企业内部的“资源基础观点”。其次是巴尼（Barney，1991）在《企业资源与持续竞争优势》一文中，指出并非所有的资源都能获得竞争优势，只有那些有价值的、稀缺的、不可完全模仿和不可替代的资源才是企业竞争优势的真正来源。另一位重要的学者彼得拉尔夫（Peteraf，1993）在《竞争优势的基石：基于资源的观点》一文中，提出了企业的资源要想具有持续的竞争优势必须满足如下几个条件，一是资源在企业间分布的不对称性；二是对租金的事后竞争限制；三是资源在企业间的不完全流动性；四是对资源获取的事前竞争限制。

巴尼（Barney，1991）的概念模型如图3－1所示。

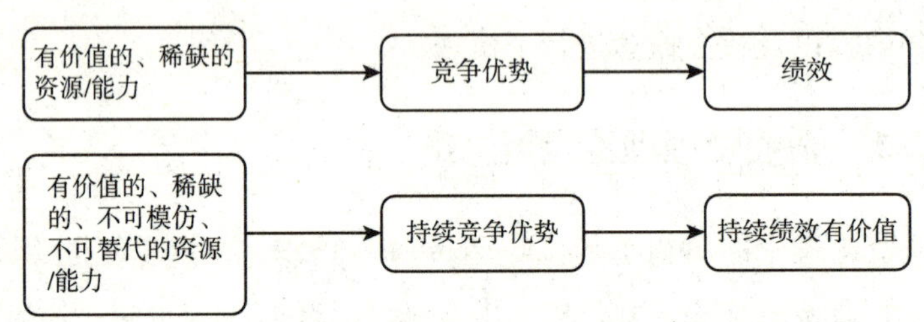

图3－1　巴尼（1991）概念框架

20世纪90年代之后，对于企业竞争优势的来源的讨论又出现了新的观点，提出了企业是“能力的独特集合体”，并且认为企业的长期竞争优势主要来自于企业的核心能力。主要的学者有：普拉哈拉德和凯瑞·哈默

（C. K. Prahalad & Gary Hamel，1990）在其发表的《公司核心能力》一文中，首次提出了“核心能力”的概念，认为“核心能力是组织中的积累性学识，特别是关于如何协调不同的生产技能和整合多种技术流派的学识”，也就是说，“核心能力是技术、治理机制以及集体学习等多种因素的集合体，是企业能够为用户提供某种特定优势的一组技能和技术的集合体”。与物质资本相比，企业的核心能力不仅不会在使用和共享中消失，而且还会在使用过程中不断成长，基于此，提出了企业拥有的核心能力才是企业长期竞争优势的源泉，如何积累、保持和运用核心能力是企业长期的根本性战略。莱昂纳多·巴顿（Leonard Barton，1992）将核心能力定义为：使企业独具特色并能够为企业带来竞争优势的知识的集合体。她认为企业竞争优势的取得依赖于企业能力的构建，然而企业的核心能力一旦形成往往会出现“核心刚性（core rigidities）”，也就是说，核心能力可能无法适应快速变化的环境，于是企业原有的核心能力不仅不能给企业带来竞争优势，甚至可能会阻碍企业竞争优势的形成。因此，企业需要建立能适应环境变化的动态能力。提斯、皮萨诺和苏恩（Teece，Pisano & Shuen，1997）在《动态能力与战略管理》一文中，明确提出了“动态能力”的战略观，并且指出：“动态能力是指企业整合、建立、重构企业内外部能力以便尽快适应环境变化的能力。”动态能力是企业获得长期竞争优势的源泉，它存在于企业的内部，是由企业所拥有的资产的地位以及发展进程所共同决定的。

资源基础理论的代表人物之一格兰特（1996）在总结以前关于企业内部知识的研究后提出了企业知识观的框架。他在谈到知识观的源起时说，“知识观是许多研究流派的融合，其中最突出的是资源观和认识论”。他认为“就其对于增加值的贡献和其战略重要性而言，知识是最重要的生产性资源”，并进一步指出，“知识观提供了对能力的微观结构的新认识，即能力是个体专家知识基于团队的整合。能力的复杂性关键依赖于所整合知识的范围”，从而在质与量上明确了能力与知识的关系。知识观的一个重要意义是促使我们从知识的角度，而不仅是价值活动的角度或组织资本的角度来认识能力的本质（张金鑫，2005）。

3.2.2 企业资源理论的主要内容

企业资源理论在彭罗斯（1959）的企业成长理论、纳尔逊和温特（Nelson & Winter，1982）的经济演化理论的基础上，经过沃纳菲尔特（1984）、巴尼（1986，1991）、彼得拉尔夫（1993）以及提斯、皮萨诺和苏恩（1997）等人的发展，现已成为企业战略管理领域中重要的理论学派。与传统的新古典微观经济学把企业视为同质的不同，资源基础理论认为企业是一组独特资源的集合体，企业由于资源禀赋的差异而呈现出异质性，企业的竞争优势来源于企业拥有和控制的有价值的、稀缺的、难以模仿并不可替代的异质性资源（Barney，1991）。企业资源的异质性将长期存在，从而使得竞争优势呈现出可持续性。识别关键资源并对之进行有效的开发、培育、保护和提升是企业战略管理的重要内容（Grant，1991）。

根据对企业竞争优势来源认识的不同，企业资源理论进一步分为资源观、能力观和知识观。资源观的核心内容是：企业是资源的集合体，企业的竞争优势主要来源于企业资源的差异，创造和维持这种差异是企业成功的关键。资源观并没有对资源和能力进行专门地区分，由于在竞争较充分的市场上，许多资源是可以通过市场交易获得的，因此并非所有的资源都是竞争优势的源泉，只有隐藏在资源背后的企业配置、开发、保护、使用和整合资源的能力才是企业持续竞争优势的真正来源。由此产生了企业能力基础观，也就是以能力为基础的企业观。能力观的核心内容是：企业是能力的集合体；能力是多种技能和知识的集合，它蕴藏于企业的各项经营活动和过程中，也蕴藏于人、管理系统、文化和新产品以及机器设备中；能力是企业取得和保持长期竞争优势的源泉，能力的积累、保持和运用对企业获取长期竞争优势具有关键作用。实际上，能力观并没有割裂能力与资源的关系，如果将企业的能力也看做是企业资源的话，那么能力学派也属于广义的资源学派（夏清华，2002）。在对企业资源观与能力观继承和发展的基础上，企业知识观形成了，知识观的核心内容是：企业所拥有的知识才是企业竞争优势的决定性因素。企业的竞争优势无疑来自于企业内部，来自于企业配置和开发其资源的能力，但这种能力的形成却是由企业自身所拥有的知识决定的，即企业拥有的累积性知识以及知识的创新程度，决定了企业进行资源配置进而适应市场的能力。因此，企业不仅是资源的集合体，也是知识的集合体，企业间能力差异的根源是企业所拥有的累积性知识以及知识结构的差异。也就是说，知识是企业真正拥有的资源，是企业能力的最终源泉（Kought & Zander，1996；Spender，1996）。

从资源观、能力观和知识观的这些经典文献中我们可以看出，它们的基本思想是一致的，即企业在本质上是产品、业务背后的要素所组成的独特组织，而竞争优势恰恰是来自于那些具有特殊性质的要素。所不同的在于各流派的研究者们认为，这些要素分别应该是资源、能力或知识，拥有特殊性质的要素分别是特殊资源（战略资产）、核心能力或知识。另外，企业资源观所指的资源中常提及的“能力”与能力观中的“核心能力”、“动态能力”等具有密切的关联性；而“能力的本质是知识”的命题也使得企业能力观与知识观密不可分，在认可资源观、能力观和知识观内在一致的基础上，我们以“企业资源理论”来概括这三个流派的观点。

3.2.3　企业资源的定义和分类

企业资源理论对资源分类有比较多的讨论，在此我们将做一个简要的回顾，以期找出一种比较合理的分类方法，为分析资源流动做好铺垫。众多学者从不同的研究视角对资源做出过不同的定义和分类，主要可以归纳为如下几种：彭罗斯（1959）认为一个企业的资源包括其生产资料、无形资产、资本、知识、组织结构、进程等企业可以控制的所有一切。沃纳菲尔特（1984）把资源定义为与企业具有半永久性联系的有形资产与无形资产，比如品牌名称、企业内部的技术知识、员工的个人技能、交易合同、机器、有效的流程、资金等。后来，沃纳菲尔特（1989）又进一步将资源划分为固定资产、经验资产与文化三个组成部分。巴尼（1991）认为资源是指“企业控制的所有资产、能力、组织过程、企业特征、信息和知识等，是企业为了提升自身的效率和效益而用来创造并实施战略的基础”。他进一步将企业资源分为物质资本资源、人力资本资源和组织资本资源。格兰特（1991）对资源与生产能力进行了区分，认为资源是生产过程的投入要素，本身没有生产能力，企业的资源分为财务资源、实物资源、人力资源、技术资源、名誉和组织资源。而能力是一组资源执行某项任务或活动的实力，能力本质上是许多相互影响的规范，并可以通过对企业活动的标准职能的分类来识别与评价。米勒和山姆斯（Miller & Shamsie，1996）将资源分为以产权为基础的资源和以知识为基础的资源，以产权为基础的资源是指企业拥有的具有合法产权的资源，主要包括财务资本、物质资源以及人力资源等，以知识为基础的资源是指企业的无形技术、诀窍以及技能，是默会性的知识。白钦先（2001）按资源对经济增长关联度大小，将资源划分出几个层次，即资源第一层次为自然资源（N）；第二层次为制度资源（S）；第三层次为金融资源（F）；第四层次为人力资源（H）；第五层次为知识资源（K）；第六层次为信息资源（T）；第七层次为思想观念资源（I）；第 n 层次为第 n 种资源。张金鑫（2005）以企业资源理论为理论基础，根据资源转移的难易程度，将资源分为资产、能力和文化，并且认为在并购中这三者的转移难度大体上呈递增次序。胡杰武（2007）对资源做了更加细致的划分，将资源分为资产、能力和文化，其中资产包括所有权型资产和使用权型资产，所有权型资产又包括金融资产、实体资产和无形资产，使用权型资产又包括人力资本和社会资本，能力包括通用能力和专用能力，文化包括物质文化、行为文化、制度文化和精神文化，同样也认为从上到下资源的转移难度是在逐步加大的。表 3 - 1 总结了以上学者对资源的定义和分类。

表3-1　企业资源的定义和分类

研究学者	资源定义	资源分类
彭罗斯（1959）	企业可以控制的一切均为企业的资源	生产资料、无形资产、资本、知识、组织结构、进程
沃纳菲尔特（1984，1989）	把资源定义为与企业具有半永久性联系的有形资产与无形资产	固定资产、经验资产与文化
巴尼（1991）	企业控制的所有资产、能力、组织过程、企业特征、信息和知识	物质资本资源、人力资本资源和组织资本资源
格兰特（1991）	资源是生产过程的投入要素	财务资源、实物资源、人力资源、技术资源、名誉和组织资源
米勒和山姆斯（1996）	—	财务资本、物质资源、人力资源、无形技术、诀窍以及技能
白钦先（2001）	—	自然资源、制度资源、金融资源、人力资源、知识资源、信息资源、思想观念资源等
张金鑫（2005）	—	资产、能力和文化，并且认为在并购中这三者的转移难度大体上呈递增次序
胡杰武（2007）	—	资源分为资产、能力和文化，其中：资产包括金融资产、实体资产、无形资产、人力资本和社会资本，能力包括通用能力和专用能力，文化包括物质文化、行为文化、制度文化和精神文化

3.3　组织学习理论

本节介绍了组织学习理论的基本观点，指出了并购过程本身就是一个组织学习的过程，从组织学习的视角对并购的价值创造过程进行了解析。

3.3.1　组织学习理论的基本观点

组织学习是组织成员不断获取知识、改善自身的行为、优化组织的体系，以在不断变化的内外环境中使组织保持可持续生存和健康和谐发展的过程（陈国权，2005）。组织学习是指组织为了实现组织特定目标的环境调整进程，它是组织的学习方法或程序。一般而言组织的学习能力主要集中在三个方面，一是收购目标公司的知识；二是技能的发展；三是组织发展的需要。因此，怎样去整合以及运用上述三个方面是对组织管理者智力和能力的检验。为了对组织学习有一个更加清晰的认识，下面将对该领域的主要观点进行了归纳。

西尔特和马奇（Cyert & March，1963）指出，学习是工作后的适应行为，学习的主要内容是组织的规则以及组织之前的相关经验。坎杰洛西和迪尔（Cangelosi & Dill，1965）指出：组织学习是指个人和不同水平的组织通过互动来相互适应的过程，通过组织学习可以减少冲突、压力并且提升组织的决策力。阿吉里斯和舍恩（Argyris & Schon，1978）强调了组织学习是指运用组织理论来更正错误，强调了个体对组织理论的运用和实践。邓肯和维斯（Duncan & Weiss，1979）提出了组织学习就是指学习行为以及学习行为对环境影响互相联系的输出过程，组织是通过共享、评估和整合取得发展的。菲奥尔（Fiol，1991）认为组织学习是一个改进知识、理论以及组织行为的过程，学习的主要内容包括规则、文化和信仰。胡贝尔（Huber，1991）指出，组织学习是指利用信息学习之后个人潜在行为的改变，通过组织学习获取了潜在的知识，该观点主要强调了对信息知识的获取、分配、解释以及存储。恩格斯托姆（Engestrom，1990）指出，组织学习是指组织进行的一系列寻求知识的活动，通过专门的技术培训、全面的学习活动，使得个体具备适应新环境的能力。韦克和罗伯茨（Weick & Roberts，1993）指出，组织学习是通过组织成员之间相互行为的影响而形成的，强调了行为比人更加重要。

从上述学者关于组织学习理论和组织学习观点的描述中，可以推断出组织学习活动主要包括组织学习和组织学习倾向。除了环境改变的速度、竞争战略、资源的数量之外，乌尔里希和内森（Ulrich & Nason，1999）认为，一个组织必须充分利用现有的机会去开发新的领域，以便展示组织的学习能力。然而，除了组织的培育之外，个体去学习的需要以及个体能力的提升将影响一个人对机会的把握。因此，将一个企业塑造成“学习组织”有助于促进个体的学习以及能力的培育。而且，持续的按照计划—执行—审查—改进这样的循环来学习有助于学习目标的实现。不同的学者由于研究视角的不同，对组织学习提出了不同的观点，迈耶斯（Meyers，1990）从系统理论指出了组织学习是对企业能力的评估以及对内外部环境变化所作出的反应。格兰特（1996）则从知识基础的角度，指出组织学习是使组织具有更好的知识和理解力的进程；而卡纳和古拉蒂（Khanna & Gulati，1998）则从网络系统的角度，表明组织学习是一个获取或者内部化合作者知识的进程。表3－2对上述学者关于组织学习的定义和内容进行了归纳。

表3－2　　组织学习的定义和内容

研究者	组织学习的定义	组织学习的内容
西尔特和马奇（1963）	学习是工作后的适应行为	组织的规则以及组织之前的相关经验
坎杰洛西和迪尔（1965）	个人和组织通过互动来相互适应的过程	—
阿吉里斯和舍恩（1978）	指运用组织理论来更正错误	—
邓肯和维斯（1979）	是指学习行为以及学习行为对环境影响互相联系的输出过程	—
菲奥尔（1991）	是一个改进知识、理论以及组织行为的过程	规则、文化和信仰
胡贝尔（1991）	是指利用信息学习之后个人潜在行为的改变	信息知识的获取、分配、解释以及存储
恩格斯托姆（1990）	是指组织进行的一系列寻求知识的活动	适应环境的能力
迈耶斯（1990）	是对企业能力的评估以及对内外部环境变化所作出的反应	—

续表

研究者	组织学习的定义	组织学习的内容
格兰特（1996）	是使组织具有更好的知识和理解力的进程	—
卡纳和古拉蒂（1998）	是一个获取或者内部化合作者知识的进程	—

基于此，本书认为组织学习是一个改进知识、理论以及组织行为的进程，通过组织学习可以实现组织的目标，并且提高组织适应环境变化的能力，组织学习的内容是根据组织学习能力以及个体学习趋势决定的。

3.3.2 并购是一个动态的学习过程

组织学习的产生和维持是一个“经历—推断—积累”的动态迭代过程（Levitt & March，1988），企业从过去的经验中获取知识，这种知识能够被储存在组织机构的记忆中，经过理解和加工使积累的默会知识转化为便于识别和运用的显性知识（Levitt & March，1988），在适当的时候释放出来指导企业行为和决策，并通过信息反馈改进学习机制、提高学习效果（Zollo & Singh，2004）。组织学习受到以往相关知识水平、重复次数、经历相同事件的密度所影响，并通过经验的积累得到改善和发展（Hayward，2002）。这种学习能力一旦发展起来，会体现在企业经营的各个环节中，例如操作流程、系统规范和运营惯例等（Haleblian & Finkelstein，1999），为企业未来更有效、管理提供有效的保障，带来更少的决策错误、专门化和标准化的惯例的发展以及执行有效性的提高，使企业能够更好地利用所掌握的资源创造新知识和新管理方法、发现和解析新的市场机会（Zahra & George，2002）。由于经验学习遵循贝叶斯更新过程（Aktas、Bodt & Roll，2009），使得现有经验会影响企业对未来所面临问题的理解和对相关知识的搜索（Huber，1991）。如果企业有较多的经验和较强的组织学习能力，就能够更有效地利用他们所拥有的资源最终获得更高的收益（陈国权，2008；陈国权和马萌，2000；陈国权和郑红平，2005）。因此，组织学习被定义为一种动态能力，这种能力可以带来竞争优势和超额收益（陈国权和宁南，2009；Zahra & George，2002；Zollo、Reuer & Singh，2002）。

并购活动是由并购前的尽职调查、并购中的协商以及并购后的整合等组成的，无论是并购前的尽职调查阶段、还是并购后的整合阶段都伴随着动态的学习进程。实际上，收购方只有不断地提高在并购活动各个进程中的知识才能取得成功。

1. 尽职调查阶段的动态学习过程

识别合适的目标方、与目标方协商并且有效地完成并购活动需要进行一个充分的尽职调查。尽职调查是对并购目标方进行的一个客观的、独立的检查，主要集中在财务、税务、资产评估、运营、商业评估等方面，目的是给与交易有关的债权人以及收购方的管理团队提供保证（Angwin，2001）。尽职调查的过程主要是为收购方提供与目标方相关的价值和风险。

在尽职调查阶段，公司必须尽可能地了解新的不熟悉的环境并且采取必要的行动来保障收购的顺利进行，这同时也是一个动态的学习过程。尽职调查在所有的并购中都是比较复杂的过程（Hitt et al.，2001）。尽职调查过程除了检查目标公司的财务情况之外，还需要对目标公司的无形资产和资源进行充分的分析并且理解目标方的教育体系以及技能（Katsuhiko Shimizu et al.，2004）。总体而言，尽职调查进程与组织学习理论以及专门地探究性学习是一致的（March，1991）。

2. 并购整合阶段的动态学习过程

整合对并购能否取得成功起着至关重要的作用，因此并购后的整合对于许多并购而言都是一个潜在的挑战。收购公司与目标公司之间的文化距离给并购后的整合带来了较大的挑战，巴克马（Barkema，1996）指出文化整合具有“双层内涵”。查特吉（Chatterjee，1992）发现：当一个较强的整合被要求时，文化差异的程度对股东的价值有负面影响。韦伯（Weber，1996）研究发现，公司文化的差异会影响两个公司高管之间的合作，并且当两个公司之间存在较大的文化差异时不利于并购的发生。

文化距离为组织学习理论提供了有兴趣的研究机会。例如，莫洛西尼（Morosini，1998）通过对意大利的52家公司的并购进行研究，发现文化距离与并购后的绩效存在正向的联系。也就是说，收购公司与被收购公司之间的差异越大，收购公司可能从被收购公司学习或获得的价值就会越高（Vermeulen & Barkema，2001）。同样基于组织学习理论框架，胜彦（Katsuhiko，2004）发现，并购是企业获取新的信息和能力的重要渠道，并且为收购公司提供了战略上的灵活性。

总之，无论是从并购前的尽职调查阶段来看，还是从并购后的整合阶段来看，都伴随着组织双方间的相互学习。对于跨区域并购而言更是如此，区域间的经济发展水平差异、文化差异、市场环境差异、制度差异、地理环境差异以及自然资源等差异的存在，使得不同区域的企业间组织差异越发明显，这在一定程度上刺激了双方组织资源的相互吸引，有利于资源在更广范围、更大程度的流动，实现了资源的共享和互补，有利于协同效应的实现。但从另一个角度讲，组织间较大差异的存在又会给并购后双方资源的整合带来困难。因此，对于跨区域并购而言，并购进程更是一个机遇与挑战并存的学习过程。

3.4 协同效应假说

3.4.1 协同效应的概念

协同（Synergy）源于希腊文 synergos，含义是“协同工作之意”。自20世纪60年代H·伊戈尔·安索夫（H. Igor Ansoff）首次提出协同效应概念以来，一直是西方大型公司在制定多元化发展战略、策划并购重组行动时所依据的一个最为重要的基本原则。具体而言，公司并购的动机主要在于通过公司并购双方的资源共享、能力和知识的转移等来获取协同效应。而这正是公司并购价值创造的主要驱动力（Bruner，2001）。

从20世纪60年代至今，协同效应的研究经历了从静态协同到动态协同、从企业内部协同到企业外部协同两个方面的演变，曾有多位学者对并购协同效应的概念进行了界定。H·伊戈尔·安索夫是把“协同效应”这一名词用于管理学的第一人。安索夫在1965年出版的《公司战略》中首次提出了协同效应的概念，即“企业的整体价值有可能大于各部分价值的总和”，当涉及并购领域时，协同“被认为是公司与被收购企业之间匹配关系的理想状态，经常被表述为‘2+2=5’，其含义是指一个公司通过收购另外一家公司，使得公司的整体业绩好于两个公司原来的业绩的总和[①]”。安索夫提出协同概念的目的是协助经理们在发展和多元化方面的问题上进行更好的决策。安索夫对协同的解释比较强调它的经济学含义，亦即取得有形和无形利益的潜在机会以及这种潜在机会与公司能力之间的紧密联系，他认为协同模式的有效性部分地源于规模经济带来的好处。日本的战略专家伊丹敬之（Hiroyuki Itami，1987）以资源理论为基础，将安索夫的协同概念分解成了“互补效应”和“协同效应”两部分。伊丹的研究目标是希望经理们最有效地利用公司的所有资源，同时创造充足的资源，他心中的协同是一种发挥资源最大效能的方法。因此，他将资源划分为实体资产和隐形资产两大类，实体资产是指诸如生产设备等资产，隐形资产则是一种无形资源，既可能是商标、顾客认知度或是技术专长，也可能是一种可以激发员工强烈认同感的企业文化。伊丹认为提高实体资产的使用率是使公司全部资源都发挥出最大效能的方法之一，他将提高实体资产或金融资产的使用效率来节约成本或增加销售的方式称为“互补效应”，而这种效应虽然极具价值，但由于非常容易被其他公司效仿，并不能为公司提供持久的优势，因此，互补效应并不是协同的真正来源。当公司开始使用它独特的资源——无形资产时，才有可能产生真正的协同效应，并且由于这种协同效应很难被对手复制，因而可以给公司带来更为持久的竞争

① 安德鲁．坎贝尔等著，任通海等译．战略协同［M］．机械工业出版社，2000.3.

优势。伊丹在《隐形资产》中同时提出了静态协同效应和动态协同效应两个概念。静态协同效应来自于同一时点上不同战略要素之间的组合，而动态协同效应则来自于不同时点上两个战略之间的组合。伊丹认为，一个公司发展的关键在于其获得动态协同效应的能力，并建立动态协同效应的基本框架。罗伯特·巴泽尔和布拉德利·盖尔（Buzzell & Gale，1986）从企业群的角度阐释了协同效应的定义，即相对于对各独立组成部分进行简单汇总而形成的业务表现而言企业群整体的业务表现。他们认为，持续的协同效应可通过四种基本方式来创造价值：（1）共享资源或活动，亦即通过分享共同的业务绩效（研究开发或工程技术、采购、生产或运营、统一管理的销售队伍、市场营销计划、分销渠道等）已达到规模经济；（2）市场营销和研究开发支出的外溢效应（spill-over），指即使不存在对市场营销和研究开发的共享，企业群中的企业也经常可以从兄弟企业在市场营销和研究开发方面所付出的努力中获得间接的利益；（3）企业的相似性，亦即在相近的知识领域（高科技产业或在营销能发挥关键作用的某些领域）共享技术上和管理上的知识和技能；（4）对企业形象的共享，即被视为一个声誉卓著的企业群中的一员，可以提高个别企业的形象并使之获利。

无论是安索夫的广义协同还是伊丹敬之的狭义协同概念，都是偏重于企业多元化经营情形下内部不同业务部门协同的表述，在应用于解释企业并购活动时其缺陷是明显的：没有考虑并购双方原有的增长潜力，在预测或检验并购的效应时，会将并购带来的协同效应和并购双方本来具有的增长潜力弄混淆。为此，赛罗沃（2001）提出了并购中协同效应的动态的概念，“它应该是合并后公司整体效益的增长超过市场对目标公司及收购方作为独立企业已有预期之和的部分。企业并购至少要满足下面两点中的一点，才算获得了协同效应，取得了并购收益：（1）收购者必须能够进一步限制当前及潜在的竞争对手在投入市场、生产过程或产出市场上对收购方及目标公司的竞争威胁；（2）收购者必须能够开拓新的市场或侵占其竞争对手的市场而令竞争对手无法做出回应”。此后，艾克莱斯·罗伯特·G·（Eccles Robert G.，1999）等人将赛罗沃对于协同效应的定义进一步具体化，他们认为，企业的协同效应价值是由企业合并而形成的由各种改进而导致的企业现金流的净现值之和，而且他们认为这些现金流量超过那些市场对于企业在独立运行时即企业并购不发生情况下的现金流的预期之和。

3.4.2 协同效应的分类

企业并购的动因大多是基于对协同效应的预期，而并购分析中最常见的差错之一就是不能正确地预期协同效应。鲁梅尔特（Rumelt，1974）将协同效应分为财务的和经营的两类，前者指的是并购给企业在财务方面带来的种种效益，这种效益的取得不是由于效率的提高，而是由于税法、会计处理准则及证券交易等内在规定的作用而产生的一种纯现金流量上的收益，后者主要是指并购给企业生产经营活动在效率方面带来的变化及效率的提高所产生的效益，突出体现为规模经济和范围经济。拉森（Larsson，1990）认为并购所产生的协同效应可划分为以下四种类型：市场力量协同——通过扩大交易规模或提高市场集中度从顾客处获得更高的卖价；经营协同——通过联合经营，扩大规模、范围，获得经验，以及通过纵向合并降低生产和营销成本；财务协同——通过财务市场力量、内部资本市场和多样化，联合获得和配置资本，降低风险，实现资本成本的下降；管理协同——通过分享和相互交流不同单位的管理诀窍，在对追加的（额外的或类似的）和互补性（不同但与现有能力相配合）管理技术和才能的应用中获益。

事实上，一般可以从三个层次来分析并预测并购的协同效应，一是核心层的协同效应，即从企业资源的角度来研究并购协同效应产生的根源，分析并购双方的资产和能力结合后可能引起的企业价值增值；二是战略层的协同效应，即根据威斯通（1996）分类，从企业发展战略角度，分析并购双方在经营、财务和管理方面可能创造的价值；三是职能层的协同效应，即按照安索夫（1995）的分析框架，从管理、投资、运营和销售等基本职能活动方面考察并购双方可能实现的协同效应。无论从哪个层次分析，最终的价值表现不外乎有如下两种：一类是可以用货币来衡量的，体现为营业收入的增加、营业成本的减少、资本需求的降低和获得税收收益等；另一类是无法用货币度量但又十分重要的，表现为企业效率的提高以及竞争优势的增强。协同效应主要包括经营协同效应、财务协同效应以及管理协同效应。

1. 经营协同效应

经营协同效应是指并购给企业生产经营活动在效率方面带来的变化及效率的提高所产生的效益。经营协同效应包括如下两种形式，即收入的提高和成本的降低。收入的提升、效率收益或者规模经营收益可以通过横向或者纵向并购来实现。经营协同效应可以分为收入提升的经营协同效应和成本降低的经营协同效应。达成收入提升的经营协同效应可能比达成成本降低的协同效应更为困难，马克·克莱门特和大卫·格林斯潘将此称为收入提升机会。他们将其定义为“一种新创造或新改进的产品或服务，通过将并购双方的两种独有特性结合而形成，带来即时或长期的收入。”① 收入提升有许多潜在的来源，而且不同的来源之间可能存在很大的差别。收入可能来自并购双方产品的交叉营销机会，由于产品线的扩张，各公司都可以向现有客户销售更多的产品和服务，交叉营销使得每个并购单位都有提高收入的潜力，各公司的收入因此将得到迅速的提升。例如，一家公司具有知名品牌，可以将其声誉资源借给其他并购单位的产品线。再比如，一个具备完善分销网络的企业与另一个具有潜力产品，但无法在竞争对手做出反应之前将产品有效地推向市场的企业相结合，就可以抓住这段时期内的机会，从而实现收入提升协同效应。尽管存在多种方式，收入提升协同效应却很难达成。

成本降低协同效应主要来源于规模经济，即由于企业经营规模的扩大

① ［美］帕特里克·A. 高根著．兼并、收购与公司重组［M］. 机械工业出版社，2004：74.

而导致的单位成本的下降。建立在营运协同基础上的理论假定在行业中存在着规模经济，且在并购之前，公司的经营活动水平达不到实现规模经济的潜在要求。并购可以迅速扩大企业的生产规模，并且通过资源互补达到最佳经济规模的要求，从而能够发挥降低生产成本，提高生产效率的功效。这种规模经济的来源主要有两个方面，一是由于某些生产成本的不可分性，如大型设备、企业的一般管理和经营管理等，当其平摊到较大单位的产品中去时，单位产品的成本得到降低，可以相应提高企业利润率；二是由于生产规模的扩大，使得劳动和管理的专业化水平大幅提高。营运协同效应的另一个来源就是范围经济，指的是企业能够利用一组投入要素生产出多种产品和服务。当并购企业在某些产品的生产上存在着剩余生产能力，且并购企业与目标企业共同生产该产品的成本低于两者单独生产的成本时，范围经济就产生了。范围经济的产生主要源于共享的生产要素具有不完全可分性。

由此可以看到，经营协同往往是并购双方有形物质资源结合以及管理能力提高产生的规模效应，主要表现为成本的降低、市场份额的扩大等。除此之外，经营协同效应理论中还存在着一个优势互补理论，该理论认为并购可使企业优势在收购方企业和目标方企业之间相互共享，实现优势互补，进而提高企业的竞争力。在现实的不完全竞争市场中，一个企业可能拥有其他企业所不具有的竞争优势，如先进的管理经验、专利技术、品牌资产、产品差异化以及独有的营销手段等。企业并购可使并购双方互相利用对方的竞争优势。并购的目的在于推动和促进企业竞争优势在企业之间相互共享，或者以发挥收购方自身的竞争优势为目的，或者以利用被收购方的竞争优势为目的，或者企业之间优势互补，产生管理、财务、营销等方面的协同效应。因此，并购可使竞争优势在企业之间相互利用和发挥，通过资源共享、优势互补，进而提高企业的核心竞争力。

2. 财务协同效应

财务协同效应是指并购给企业在财务方面带来的种种效益。这种效益的取得，不是由于生产效率的提高而引起的，而是由于资本效率和税法、会计处理惯例以及证券交易内在规律等作用而产生的一种纯金钱上的效益。

财务协同效应主要表现在两个方面，一是资本成本下降；二是合理避税。引起资本成本下降的原因主要有三种，一是共同保险效应；即当两家企业的现金流量不是正相关时，合并后联合企业破产的可能性会大大降低，收益流趋于稳定，使得贷款人遭受损失的可能性降低，该效应的直接结果就是企业的举债能力会上升。二是并购将企业外部融资转化为内部融资；由于内部融资比外部融资成本更低，从而增加了财务协同，降低了融资风险。三是证券发行与交易成本的规模经济；一部分规模经济可归功于信息生产和传播所具有的固定成本，兼并可以实现信息规模经济。更为重要的是，在资本市场上，大公司与小公司相比具有某些特定的融资优势，从而使其资本成本较低。我国上市公司的并购不具有强烈的从横向收购、纵向收购到混合收购的顺序，而是有着很强的混合收购特征，[①] 其中最重要的原因是非上市公司的融资成本大大高于上市公司，资本成本的节约大大超过了合并产生的经营协同效应。

合理避税的财务协同理论是基于一个有累积税收损失和税收减免的企业可以与有盈利的企业进行合并，充分利用亏损递延纳税的好处，使得合并后公司达到合理避税的目的。该理论隐含的假设前提是，企业并购活动产生的税收减免大于并购的成本，但是这种情况只在特定的条件下才会出现。具体来说，并购公司运用他们比并购前使用的更高的财务杠杆能力，并购后从税收庇护中可以得到更多的收益。

3. 管理协同效应

管理协同效应是指并购使得企业的剩余管理能力得以充分利用而给企

① 参见《中国企业并购年鉴》（2004～2008 年），北京交通大学中国企业兼并重组研究中心。

业带来的增量效益，该效应的产生是以剩余管理能力可以实现从一个企业转移到另一家企业为前提的。管理协同的概念来源于效率差异化理论。效率差异化理论认为企业并购的动因在于优势和劣势企业之间存在的管理效率上的差别，通过并购其他企业的方式来进行“管理的溢出”，使其管理资源得到充分的发挥，不仅使目标企业的效率提升至较高水平，而且会比原先两个企业产出之和还大。通俗一点讲就是，如果 A 公司的管理效率优于 B 公司，那么在 A 公司兼并 B 公司后，B 公司的管理效率将提高到 A 公司的水平上，从而在效率上由于两个公司的合二为一得到了促进，就会产生比原来两个企业之和还要大的效率。亦即具有较高效率的公司将会兼并具有较低效率的目标公司并通过提高目标公司的效率而获得收益。

在并购活动中，如果收购方具有高效的管理资源，并且该管理资源存在过剩时，为了充分利用该资源，收购方就会产生并购动机，通过收购那些资产状况良好而由于管理不善导致绩效较低的企业，这样使得收购方高效的管理资源输入了目标方，那么目标企业的效率将会得到提高，双方的效率也均得到了提升和改善。

赵琳和王湛（2001）从组织经验和组织资本的角度对管理协同效应的产生进行了论证，他们认为企业组织资本与组织经验结合之后，就会形成企业的管理能力，该管理能力会在企业的生产、经营中发挥着管理、控制的作用。与组织经验相类似，管理能力按其专属性的不同可以进一步分为：一般管理能力、行业专属管理能力、企业专属非管理人员的能力。这三种管理能力在能否转移方面具有较大的差异，一般管理能力的专属性最差，可以转移到大多数行业或企业中去；行业专属管理能力只能在同行业内的企业之间进行转移；企业专属非管理人员的能力的可转移性最差，即便在同行业内部的企业之间转移也较为困难。当企业发生并购时，一般管理能力和行业专属管理能力就可以实现在企业间的让渡和转移，从而实现人力资源与管理能力的最佳配比，进而可以提高合并后企业的整体管理水平，管理协同效应就产生了。

3.5 本章小结

资源基础理论认为，企业的竞争优势来源于企业拥有和控制的有价值的、稀缺的、难以模仿并不可替代的异质性资源，即企业所拥有和控制的战略资源是形成企业持续竞争优势的源泉。由于战略资源的内部培育具有路径依赖和长期累积的特点，因此并购成为了企业获取战略资源的重要途径之一。组织学习理论强调了并购本身就是一个动态的学习进程，无论是并购前的尽职调查还是并购后的整合阶段都要求并购双方进行不断地调整、适应进而获取和提高企业现有的知识存量。通过并购双方企业持续的动态学习，才能实现企业之间资源的优势互补，进而产生管理、财务、营销等方面的协同效应，最终提升企业的长期绩效。因此，并购可使竞争优势在企业之间相互利用和发挥，通过资源共享、优势互补，进而提高企业的核心竞争力。

跨区域并购引起资源要素流动进而提升企业并购绩效的机理

本章首先从资源基础理论（RBV）层面，介绍了价值创造的三种模式，分析了它们各自的特征以及相互之间的区别与联系；然后阐述了跨区域并购引起资源要素的流动，而资源要素的流动又会改变企业长期绩效的机理；最后在理论分析的基础上，提出了本书的研究假设。

4.1　基于资源基础理论（RBV）的价值创造模式

资源基础理论表明，在竞争结果上的差异是由于竞争对手之间资源和能力特征的差异导致的（Barney，1991）。尤其，对于那些有价值、稀缺的资源和能力来说，是具有竞争优势潜力的一种体现。然而，仅仅拥有这些资源和能力却并不意味着企业一定会获得竞争优势和创造价值，企业必须有效地管理他们的资源才能获得优势并创造价值（Sirmon，Hitt & Ireland，2007）。从资源的视角分析，价值的创造既可以通过重新组合现有的资源和能力来实现，也可以通过并购或联盟来获取新的资源，然后与现有资源进行重新整合以形成新的能力来实现。从资源基础理论的层面，可以把企业的价值创造模式分为内部发展模式和外部发展模式，其中外部发展模式中最典型的就是企业并购和企业联盟。

4.1.1 内部发展模式

内部发展模式是指企业主要通过重新组合现有的资源来寻求更好的发展，是企业进入新市场的一种重要方式。其中，新建投资是一种重要的内部发展模式，“新建投资也被称为绿地投资（Greenfield Investment），是指投资者投入资金或其他生产要素设立新的企业，一般新建投资设立的企业由投资者完全占有。新建投资包括企业通过购买生产资料形成新的生产能力以及通过建立新的部门形成新的营销能力和研发能力等。”①

对资源的管理包括两种方式，一是对现有的资源做一些改变使之更好地服务于其企业；二是把资源很好地结合之后转化成能力，然后利用这些能力为企业创造价值（Sirmon，2007）。实际上，要想达到预期创造价值的结果，对现有资源的重新组合进程必须能够产生新的并且是有价值的、不易被模仿的产品，也就是说，要想通过内部发展来创造价值，那么对资源的重新组合行为本身必须是有价值的并且是不易被模仿的。

对现有资源的重新组合的内部发展模式之所以能够创造价值是因为，一是企业现有管理人员对企业的资源拥有卓越的管理知识并且资源是不均匀的分布于竞争对手间，因此，对资源进行重新组合并且形成有价值的并且不易模仿的新的组合是可能的（Denrell，Fang & Winter，2003）。二是通过对现有资源进行重新组合形成新的能力，这对于企业内部发展新的产品也是非常有帮助的，而新的产品供应反过来会对公司的价值创造发挥较

① 参见陈云华的《企业并购与新建投资适用边界研究：以发电企业为例》，第4页。

大的作用。三是因为用新的方法来使用现有的资源对于投资者而言是出乎意料的，因此有助于公司超出投资者的预期（Denrell，2003）。而且，通过重新组合现有资源产生的新产品应该具有正的收益，因为公司可以避免通过从要素市场获取新资源而产生的成本。

总之，相对于外部增长，企业内部增长会受到企业自身能力和资源的限制，这些限制包括企业的资源数量、技术能力、组织能力等。

4.1.2　外部发展模式

外部发展模式主要有并购和联盟两种方式，下面将分别对这两种模式做以介绍。

1. 通过并购来获取新资源的外部发展模式

尽管从短期来看，通过对现有资源的重新组合能促进企业新的产品市场的发展，能为企业带来收益，但是毫无疑问，一家企业如果仅仅依靠内部资源来寻求发展会受到自身资源的限制。而且随着公司能力范围的增大，需要引入新的资源来满足公司的发展需要，因此，企业仅仅通过对现有资源的重新组合来改进企业的绩效就显得力不从心了，那么，通过并购从外部市场获取新的资源就成为了必需。通过并购来获取大量新的资源能够实质性地改变企业的现有能力，并且有助于企业新能力的开发（Sirmon，2007）。

并购是实质性获取新资源的一种常用手段（Hitt，1996；Karim & Mitchell，2000），对于战略资产而言更是如此。战略资产是指对企业生存和长远发展具有战略意义的资源，主要包括企业的研发能力、商标、商誉、特许权和营销网络等。战略资产一般难以从外部市场购买取得，在内部发展又会受到时间的限制，因此并购就成为了在短期内获取被并购企业战略资产的常用手段。并购除了可以促进企业新资源、新能力的发展之外，也有助于企业的价值创造，并购的价值创造主要是通过如下两种途径来实现的，一是通过增加企业的规模经济或范围经济来创造价值；二是通过增加与买家或供应商的讨价还价能力来为企业创造价值。然而，许多的并购却没有对企业绩效起到积极的改善作用，这主要是由于差的目标企业选择（即无效的尽职调查）、整合不利（即不能建立协同）或者是过度支付所造成的（Hitt，Harrison & Ireland，2001）。

2. 通过联盟来获取接近新资源权利的外部发展模式

除了并购之外，联盟也是企业的一种重要的外部发展方式。并购可以实现对新资源的控制，而联盟则是获得了一种接近新资源的权利，并不对新资源拥有控制权，这是二者最大的区别。联盟所带来的企业绩效的提高可以归因于交易成本的减少（Dyer & Singh，1998），共同分摊投资以及增加了组织的学习（Lane & Lubatkin，1998）。尽管降低交易成本、共同分摊投资以及组织间的相互学习等有助于企业绩效的提高，但是获得接近新资源的权利对于绩效的提高而言可能是最突出的，因为联盟可以使得企业去更好地利用现有的资源。和上面两种发展模式一样，也就是说，并不意味着联盟就一定可以为企业创造价值，只有进行联盟的双方资源的组合是有价值的并且不易被模仿的，联盟才可以为企业真正地创造价值。

4.1.3 并购与内部发展模式以及联盟的对比分析

1. 并购与内部发展模式的比较

并购与内部发展是企业进入一个新市场的重要方式，学者们对公司选择何种市场进入模式做了大量有意义的研究。基于资源基础观（RBV）的研究认为：市场进入模式的选择依赖于公司的资源基础与市场的资源需求之间的联系，并且预测出，如果市场的需求与公司现有的资源和能力联系紧密的话，公司更可能选择内部发展模式；如果市场的需求与公司现有的资源差距较大的话，公司就会选择并购。这主要是从新市场与现有产品的相关程度这一角度来分析的，近来的一些学者也得出了与上述理论研究不一致的实证结论。比如，西尔弗曼（Silverman，2002）通过对专利数据使用方法的研究，发现市场进入模式与相关性之间不存在重要的联系。布莱斯和温特（Bryce & Winter, 2009）通过对 1987 ~ 1992 年美国的市场进入的研究发现，现有的两种相关性的测量方法不支持基础假设。

下面本书将从进入成本、进入风险以及进入速度等维度上，对并购与内部发展模式进行比较分析。

（1）进入成本。

并购总是需要支付数目较大的财务溢价（Jensen, 1993; Nielsen & Melicher, 1973; Slusky & Caves, 1991; Walsh, 1989），以及交易成本和整合目标公司与收购公司的整合成本（Chi, 1994; Lubatkin, 1983; Zollo & Singh, 2004）。并购溢价、交易成本和整合成本之和可以代表公司价值的绝大部分，因此，并购在绝大多数情况下，被认为是一项价格相对昂贵的进入模式。同时，这两种进入模式的成本也与筹集资金的类型有关。并购可以通过不同渠道筹集资金，比如股票市场、公司自有资金、举债或者是上述三种形式的组合，而对于内部发展模式而言，最主要的筹资途径就是公司目前的现金流量（Hall, 2002）。这表明，具有高现金流量的公司更青睐于选择内部发展模式。

（2）进入风险。

尽管两种进入模式都有风险，但相比较而言，内部发展的综合风险更低一些，原因在于：首先内部发展模式是一种增量投资形式，一个投资项目要分若干阶段来完成投资，而并购对某项交易而言是一次性地投入。因此，如果一项并购失败的话，其损失要比一项内部发展项目终止的损失大很多。其次并购不能达到价值创造的预期甚至可能会损害收购公司的创新能力（Hitt et al., 1991）。最后收购公司与目标公司的信息不对称可能会使收购公司面临过度支付的风险。当然，内部发展也可能面临较高的风险，因为合资企业最终的成功与被并购公司相比可能更加不确定。内部发展的另一个较大风险是竞争的加剧，并购可以减少竞争对手，而内部发展却使竞争对手增加了，竞争对手的增加会加剧竞争，进而减少企业的可获利性。查特吉（Chatterjee, 1990）和查特吉与辛格（Chatterjee & Singh,

1999）发现，公司更愿意通过并购的方式进入集中市场，这与上述观点是一致的。

（3）进入速度。

并购与内部发展相比具有速度优势，绝大多数情况下，完成一项并购的时间是比较短的，而内部发展新的产品或服务通常要花费数月甚至数年的时间。并购在较大程度上避免了新建投资面临的时间上的压力和风险，缩短了获取先进的生产设备、技术工人、先进的技术和管理经验及其品牌商标和销售网络等重要资源要素的时间。随着技术的不断突破，产品生命周期日益缩短，研究与开发费用由于人工成本和资本成本的提高而大幅增加，这既增加了时间的紧迫性和风险性，也降低了大量研究与开发的潜在回报。因此，企业在日趋激烈的市场竞争中需要以最快的速度增长。通过并购不仅可以远远快于自身发展速度，而且可以获取外部专项资产或资源，甚至一个全新的业务领域，可以抢占知识源头，形成持续的技术开发能力。

2. 并购与联盟的比较

并购与联盟是两种重要的企业外部发展模式，本书基于资源基础观和知识基础观（二者均强调价值创造）以及价值分配视角（强调价值主张），从三个方面来对并购与联盟进行比较分析。

（1）两家公司之间资源的相似性和互补性。

业务的相似性和互补性主要是战略管理学中讨论的议题，业务的相似性是指两家公司在产品、市场以及技术上的相似性（Koh & Venkatraman，1991）。互补性是指两家具有不同资源的公司的相互依赖和相互支持的程度（Tanriverdi & Venkatraman，2005）。资源的相似性和互补性对于并购和联盟而言均是比较重要的。

两个公司组合他们资源的目的在于寻求协同效应，进而实现价值创造。从协同层面来考虑，两个相似的公司更可能选择并购去创造价值；因为具有相似或重复业务的公司可以在原材料、技术以及顾客市场等方面分享相似的资源。从信息不对称层面来考虑，如果两家公司之间的信息不对称比较严重的时候，公司更偏好于选择联盟；因为信息不对称问题对并购而言风险更大。因此，当两家公司具有更多互补资源的时候，他们更可能去选择联盟而非并购。大量的实证结果也表明两个资源互补型的公司进行并购会产生较高的失败率（Porter，1987；Garrette & Dussauge，2000）。

（2）两个公司组合的相关能力。

一家公司的相关能力是指公司间相互作用和管理其他公司的能力（Lorenzoni & Lipparini，1999）。公司的相关能力和其他能力一样，是通过以前的相关经验形成的一种技能（Cohen & Levinthai，1990）。一家拥有越多经历的公司通常越有可能在相关的管理中发挥得越出色。以前的经历有助于公司了解公司之间出现的争端并且能形成解决这些争论的路线和战略（Anand & Khanna，2000；Hayward，2002）。因此，如果公司有组合的并购能力，它更可能选择并购战略；如果公司有组合的联盟能力，它更可能选择联盟（Lihua Wang & Edward J. Zajac，2007）。也就是说在并购（或联盟）之前的企业的相关能力对企业进行并购（或联盟）的选择起着至关重要的作用。

总之，联盟是一项短期的合作计划，主要是基于某个共同的项目而进行的，它不要求两家公司在经营方面进行彻底的整合。基于联盟的项目，来源于每家公司的人员会组合在一起工作，但是公司其他的经营活动与联盟是相互独立的。而并购是两家公司长期组合在一起的计划，要求两家公司进行全面的经营整合。

（3）两家公司合作者的专有知识。

沿着公司组合的相关能力，本部分将讨论通过与相同公司的重复交易，公司是如何形成合作者的专有知识的以及专有知识对并购和联盟选择的差异。公司的专有知识嵌入在社会联系中，并且当两家公司在将来进行更多的交易时，该专有知识的价值将趋于最大化。因此，当公司进行资源组合的时候，他们通常会从之前的相互联系中考虑合作者专有知识。重复交易可以使得两家公司更好地相互了解，建立信任，减少交易的不确定性，进而增强了交易的效率和效益（Gulati，1995；Dyer & Singh，1998）。

进行重复交易的两家公司可以形成专有的吸收能力，吸收能力是指公司识别、同化并且商业化外部知识的能力（Cohen & Levinthal，1990）。当两家公司进行重复的交易时，他们彼此非常了解，可以识别出至关重要的知识相互学习，甚至专门形成公司内部的知识转移路线去促进学习进程（Dyer & Singh，1998）。这样的知识对于公司其他交易类型的发展也是有帮助的。

并购与联盟是两种不同的组织形式，公司可以从以前的联盟活动中了解一些其他的管理风格和文化特征，然而，由于联盟不要求两家公司进行全面的整合，因此两家公司间文化整合的程度在联盟中是远远低于并购的。因此，合作者在联盟中的专有知识相对于并购而言是不充分的，不能为之后进行的并购活动提供路线和程序上的指导。由此推断出：两家公司在联盟中形成的专有知识对公司之后进行联盟的选择有积极的影响；两家公司在并购中形成的专有知识同样对公司之后进行并购的选择有积极的影响。也就是说公司之前的外部发展模式会对之后采取的发展模式产生影响。

4.2　跨区域并购引起资源要素流动的机理

并购是一种重要的资源再配置方式，并购会引起资源要素在不同的区域之间、企业之间以及部门之间的流动。本部分首先阐述了并购具有资源再配置效应，然后在对资源要素流动的影响因素进行分析的基础上，阐述了跨区域并购引起资源要素流动的机理。

4.2.1　并购的资源再配置效应

1. 资源再配置的内涵

增量与存量是两个相对的概念，存量是指过去已经投入并存在于经济系统中的资源，增量是指新配置进入经济系统的资源。与之相对应，资源再配置也有存量调整与增量调整两种方法。存量调整是将已经配置的资源进行再配置以实现优化经济结构的方法，增量调整则是利用新增资源的初次配置来优化经济结构的方法。社会需求结构和供给结构的不断变化，要求经济管理者不断运用增量法和存量法对社会资源和经济结构进行调整，提高高效率部门所占用的资源量，降低低效率部门所占用的资源比重，以便提高经济增长的速度和质量。在资源投入量充裕、资源结构轻微失衡时，使用增量调整法不受原有资源配置的限制，能够达到优化经济结构的目的。在资源结构严重失衡，尤其是增量资源极为短缺的情况下，增量法收效甚微，而存量调整则显示出巨大的优越性。存量调整域的范围远远大于增量调整域的范围。由于存量调整法的调整对象是已经配置到经济系统内的资源，不受现有资源保有量的限制，且存量调整法需要的资源较少。若单位时间内所调用的资源量相同，存量法能在更短的时间内更有效率地把系统内资源调整到最优状态。在要素收益率和要素效率的引导下，存量调整让存量资产从要素效率低的部门或企业流向要素效率高的部门或企业，由利润率低的行业流向利润率高的行业，有效地提高了存量资产的生产能力和获利能力，要素效率的增长会促进经济的增长，所以存量调整在宏观上就表现为效率拉动型的集约式经济增长，在实现资源优化配置上具有较大的优势。

2. 并购的资源再配置效应

并购是企业进行外部扩张，寻找适度规模边界的手段，也是存量资产在企业间重新配置和生产要素在不同企业之间的重新组合。并购企业可以根据生产经营的需要，将两家企业的生产要素加以整合，以便实现生产要素的优化重组，进而达到有效调整存量资源的目的。具体表现为几个方面，一是实现资源的跨行业流动；并购会促使资源由衰退行业向新兴行业流动，这样不仅使新兴行业获得更多的资源，以较快的速度发展，而且避免资源在衰退行业的堆积浪费。同时，新兴产业中的企业通过并购传统产业中的企业，使得要素效率高的部门在经济结构中所占的比重增加，从而产生资源再配置效应。二是调剂资源的余缺；并购可以使资源从相对过剩的行业流入相对短缺的行业，克服资源瓶颈对企业发展的制约，实现资源的高效配置。三是优化产业区域布局；跨地区并购可以带动资源在地区之间流动，缩小区域差距，推动区域经济均衡发展。经济发达地区的企业在对欠发达地区的企业实施并购之后，通过向被并购企业输入资金、技术，改善生产经营管理，提高被并购企业的生产效率，消除或减少区域差距，产生资源再配置效应，可以促进地区经济和整体经济全面发展。四是促进产业结构升级；并购可以使不同技术水平的企业实现技术共享，推动整个产业技术水平的提高。此外，通过高新技术产业对传统产业的并购，可以把高新技术应用于传统产业的生产过程，用高新技术改造传统产业，加快传统产业的现代化步伐，促进产业结构的升级。

总之，兼并收购是对存量资产在不同地区、不同行业、不同所有制企业之间的分拆、裂变、流动和重新组合，从而实现产业结构的调整和优化，进而改善资源配置效率（顾保国，1999）。

4.2.2 资源要素流动的影响因素分析

对于影响资源流动的因素，大量的学者进行了相关研究并得出了不同的研究结论。加尔布雷斯（Galbraith，1973）以及斯托普福德和威尔斯（Stopford & Wells，1972）的研究表明正式的组织架构对于组织内部的能力转移是很重要的。海德伦德（Hedlund，1986），巴特利特和戈沙尔（Bartlett & Ghoshal，1989）以及诺瑞亚和戈沙尔（Nohria & Ghoshal，1997）则强调非正式的、侧面的联系对于能力转移的好处。科格特和辛格（Kogut & Singh，1988）以及扎伊尔（Zaheer，1995）的研究发现雇员的地域距离，如空间距离、文化距离、民族差异会使雇员难以在一起工作，并且阻碍能力的转移。在其他研究领域，鲁梅尔特（Rumelt，1974）以及丁·马凯兹和威廉姆森（Markides & Williamson，1994）发现在一个跨国公司内部，不同子公司能力的相关程度会影响能力的内部转移和协同收益的实现。汉森（Hansen，2004）对影响技术能力在组织内部转移的四种因素：能力的相似性、地域距离、正式的组织架构、非正式的关系进行了研究。胡杰武（2007）认为影响资源转移的主要因素有目标方的资源输出情况、收购方的资源接收倾向、目标企业与收购企业的距离以及转移的资源属性。本书主要从被转移资源自身的属性、资源接收方的资源接收能力、资源输出方的资源释放能力以及组织之间的距离等方面对影响资源转移效率的因素进行分析。

1. 资源自身的属性

被转移资源自身的属性是影响资源转移的重要因素，主要有资源的复杂度、形态以及专用性。资源的复杂度越高、技术原理越深奥、结构越复杂、专业性越强、信息含量越大，能够理解和掌握这些资源的人就越少，可转移性就越差。资源的专用性程度越高，转移效率就会越低。对于知识资源而言尤为如此，波兰尼（Polanyi，1966）将知识分为两种类型：显性知识和隐性知识，显性知识由于它能被识别且易于表达，因此相对而言较容易被学习和传播。温特（Winter，1987）以及赞德和科格特（Zander & Kogut，1995）指出当知识具有受教性、易表达性以及可观察性时，它更容易实现在企业间的转移。相对于显性知识而言，隐性知识具有通过正式语言较难表述的特性，因此它仅仅能被感觉和观察到（Kogut & Zander，1992；Nonaka，1994）。然而，实际上由于解释能力、编码能力以及表达能力的限制，即便是显性的知识也是难以被学习和传播的。而且由于知识的复杂性、专门性、系统性（Bresman，Birkinshaw & Nobel，1999；Hansen，1999；Inkpen & Dinur，1998；Lord& Ranft，2000；Simonin，1999；Zander & Kogut，1995），以及知识的黏性（Szulanski，1996）可能使得知识的转移过程更加复杂。与此同时，知识资源的默会性使得它的转移难度更大、转移的风险更高（Hansen，1999）。知识的默会性是知识的主要特性之一，知识的默会性会影响知识资源的转移能力。这是基于知识的接收方倾向于会平等地公开接受不同类型知识的假设而提出的，但该假设忽视了知识维度在知识转移中的重要性。

基于此，罗杰斯（Rogers，2003）提出了成功的组织知识的转移依赖于被转移的知识与接收方需要的兼容性、与接收方早期的经验以及该经验被解释的兼容性、与接收方的现有价值和标准的兼容性。他认为兼容性指的是一项革新与现有价值、过去的经验以及使用者潜在需求的一致程度，新的知识与接收方现有的知识基础在转移进程中的兼容性是影响知识能否转移的重要因素。兼容性对于有效地实现知识在并购中的转移发挥着更加重要的作用，特别是当收购企业与被收购企业在并购前具有不同的价值标准时。因此，并购中知识转移更易于由于双方的不兼容而给企业带来危害。比约克曼和斯特尔（Bjorkman & Stahl，2007）探讨了并购双方的文化差异以及这些差异对双方的互补性以及能力转移的影响。互补性与兼容性是两个相互联系的概念，互补性主要强调的是收购方与被收购方之间的差异，而兼容性主要强调的是双方之间的相似性。埃姆雷和卡尔（H. Emre Yildiz & Carl F. Fey，2010）对互补性与兼容性做了进一步的区分，提出了互补性主要是指不同能力组合之后增加价值的潜力，而兼容性更多地关注这些不同组合的能力能否在组合中使用。

可见，资源自身的属性对于能否实现其在企业间的转移具有重要的作用，特别是对于企业的能力和知识资源而言，由于其自身的特性，使得他们在企业间的转移难度更大。

2. 接收方的资源接收能力以及输出方的资源释放能力

资源的转移效率会受到资源接收方的接收能力以及资源输出方的资源释放能力的影响，对于知识资源而言，资源接收方的接收能力以及输出方的释放能力对于能否实现资源的高效转移具有更为重要的作用。

扎赫拉和乔治（Zahra & George，2002）建议企业必须建立获取、同化、转移和利用知识资源的路线和进程，并且形成一个动态的组织能力。科恩和利文索尔（Cohen & Levinthal，1990）提出了企业自身的吸收能力能够使企业识别和利用外部的技术。组织成员不仅仅要吸收知识，还要去创造新的知识，如果知识的拥有者没有充分的知识转移能力去转移必需的资源给接收方，那么资源转移的效率和效益将会大打折扣。比如说可能存在知识被歪曲的情况，这意味着要想实现知识的高效转移，需要知识接收方以及知识发送方的共同努力。也就是说，知识的发送方如果缺乏竞争力、技能和语言效率则不能将他们专有的知识转移给接收方（Cabrera，2003）。换句话说，如果知识的发送方缺乏适度的能力，被转移的知识可能会被歪曲、破坏其本意（Zellman-Bruhn，2003）。

有效并且高效的知识转移必须考虑两个重要的方面，一是吸收能力；吸收能力是指组织识别、确认、吸收外部有价值的知识和信息并且运用它们的能力。因此，一旦知识接收方吸收了新的知识，他们的知识状态将随之发生改变。二是释放能力；金恩和温士顿（Geng & Whinston，2005）指出，知识发送方的态度和行为也会对知识的转移产生重要的影响。因此，知识发送方的释放能力也被认为是知识转移的重要决定因素之一（Minbaeva & Michailova，2004），并且知识发送方具有进行知识转移的独特权利。因此，知识接收方的吸收能力是进行有效知识转移的必要而非充分条件，高效的知识转移还需要知识发送方具有较强的知识释放能力。知识的释放能力被定义为："企业具有的高效、有效、令人信服的表达、联系并且以其他企业能理解的方式传播知识的能力。"①

3. 组织间的距离

组织间的距离主要包含四层含义，一是组织间的空间地理距离；一般来说，组织间的空间地理距离越大，组织间协调沟通的难度将会增加，资源转移的成本也将随之增加。合作双方的空间地理距离也会直接影响交易成本的大小，它会直接影响合作双方沟通了解、信息获取的准确度问题。地理距离不仅仅表现在时间、空间距离上，还体现在诸如文化差异、政策法规差异等其他方面。二是组织间的文化和制度距离；组织间的文化差异越大，不确定性因素将越多，资源转移的损失就会越大，而且较大的文化

① Fangcheng Tang，Disseminative capacity，organizational structure and knowledge transfer，2010（37）。

差异也会使得整合变得异常困难。三是技术距离；组织间较大的技术距离使得技术跨组织转移由于成本太高而变得不可能，较大的技术距离增加了组织间的合作难度和不确定性，增加了他们的沟通难度，不利于资源的转移。四是组织间的地位距离；地位是主体间认可并接受的个体、组织、集团的顺序或排名（Washington & Zajac，2005）。组织间的地位距离越大越有利于他们的相互合作，因为较大的地位距离可以增加相互的利益并且使得外部联系的风险可控（Datta，1991；Hagedoorn & Duysters，2002）。

4.2.3 并购引起资源要素流动的一般机理

并购的过程实际上就是并购双方的资产、能力以及知识在双方企业间的转移、扩散和重新配置的过程。一方面，收购方企业将体现自身竞争优势的资源向目标企业转移；另一方面，目标企业具有竞争优势的资源也会向收购企业转移。资源在并购双方企业间的相互转移、扩散和整合会产生新的竞争优势，进而提升了企业整体的竞争优势。

本书借鉴胡杰武（2007）资源转移效率的总体框架，再结合上面的理论分析，构建了并购引起资源要素流动的框架图如图 4 - 1 所示。

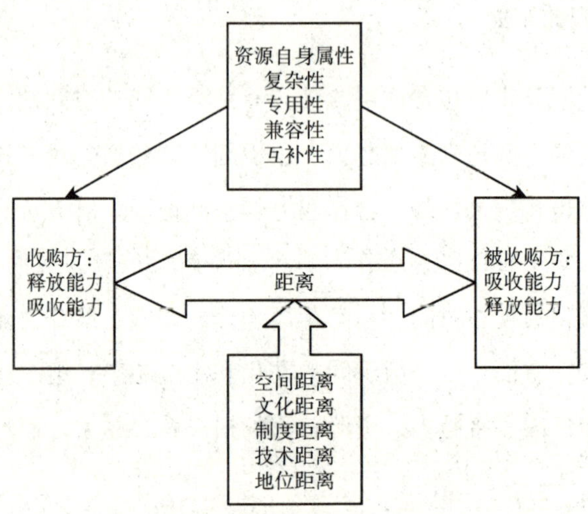

图 4 - 1　并购引起资源要素流动的框架

总之，并购会引起资源要素在企业间的双向流动，因此收购企业与被收购企业具有双重身份，既是资源的接收方又是资源的发送方。对于收购企业与被收购企业而言，吸收能力与释放能力对他们都是至关重要的。除了吸收能力与释放能力之外，被转移资源自身的属性（复杂性、专用性、兼容性以及互补性）以及双方企业之间的距离（空间距离、文化距离、制度距离、技术距离以及地位距离）也是影响资源转移效率的重要因素。因此，能否实现资源要素在并购双方企业间的充分转移是上述影响因素共同作用的结果。

4.2.4　跨区域并购引起资源要素流动的特殊机理

并购是实现资源要素流动的一种重要方式。地区经济发展不平衡本质上是资源流动和组合的结果（徐州全，2000），而区域之间经济发展水平的不平衡性以及资源分布的不均衡性的存在又会进一步促进资源的流动。跨区域并购相对于区域内并购而言，由于区域间的经济发展水平、市场环境、制度环境以及地域特定资源等差异的存在，使得不同区域的不同企业间的成长能力和资源的不平衡程度较高，进而导致不同企业间组织差异也越发明显，这在一定程度上刺激了双方组织资源的相互吸引。跨区域并购使得资源可以在更大范围、更大程度上进行流动，实现了资源的共享和互补，有利于协同效应的发挥，进而提升企业的竞争力。然而，跨区域并购相对于区域内并购而言，组织之间的距离更为凸显。主要表现在几个方面，一是空间地理距离的进一步增大；一般来说，组织间的空间地理距离越大，组织间协调沟通的难度就会越大，资源转移的成本就会越高。组织双方的空间地理距离除了会直接影响交易成本的大小之外，还会造成组织双方信息的不对称，并且会间接对组织间的文化距离和制度距离产生影响。二是组织间的文化和制度距离的进一步增大；不同区域的地域文化差异以及企业间存在的价值标准、管理风格以及组织风格等方面的差异越大，不确定性因素将越多，资源转移的损失就会越大，而且较大的文化差异也越会给并购之后的整合带来困难。三是技术距离；由于我国不同区域间的经济发展水平差距较大，使得不同区域的企业间的技术水平也存在着较大的差距，这使得技术跨组织转移由于成本太高而变得不可能，同时即便实现了技术的转移也会由于沟通与合作的难度而影响资源的转移效率。

总之，跨区域并购相对于区域内并购而言，由于企业间组织差异较区域内并购企业明显，这在一定程度上刺激了双方组织资源的相互吸引，使得资源突破区域的限制，实现了在更大范围、更大程度上的共享和互补，能够更好地发挥并购的资源再配置功能，有利于协同效应的发挥，进而可以提升企业的竞争力。但是组织间较大的空间地理距离、文化制度距离以及技术距离的存在又会给资源跨组织转移的效率带来一定的不利影响。

4.3 资源要素流动改变企业长期绩效的机理

本节首先从资源基础理论层面阐述了并购的动因在于获取企业发展所需的互补性资源、专业化知识以及相关的能力；然后从资源层面分析了并购的价值创造潜能；最后从对资源进行有效整合的层面阐述了价值创造的实现，即表现为企业财务绩效的提升。

4.3.1 基于资源层面的并购动因分析

动机是行为的出发点，一直以来，对企业并购动机的研究都是理论界和实务界关注的焦点，学者们站在不同的研究视角上，进行了大量的规范研究和实证研究。早期的研究认为企业进行并购最主要的动因有：增加市场力量、克服进入障碍、将市场内部化以及通过取代无效管理来创造价值（Caves，1981；Williamson，1975；Jensen & Ruback，1983）。然而大量的实证研究却表明：并购公司在市场价值上的平均变化接近于零，许多收购公司甚至经历了负的回报（King et al.，2004；Andrade，Mitchell & Stafford，2001；Datta，Narayanan & Pinches，1992；Jensen，1988；Jensen & Ruback，1983）。将失败的原因归为收购溢价、整合成本、管理人员的自大以及管理人员通过并购追求私利等（Sirower，1997；Hitt，Hoskisson & Ireland，1990；Hayward & Hambrick，1997；Jensen，1988）。

本书是基于资源基础观（RBV）和组织学习理论来研究并购是如何创造价值的。在该理论框架下，并购的动因可以归纳为：组织间的竞争压力要求组织去改变他们的资源范围来为企业创造新的机会（Penrose，1959；Porter，1979）。哈里森（Harrison，1991）发现：当收购方与目标方的资源互补时，会产生协同效应，从而会提高收购方的绩效。并购可以增强企业现有的技术或者允许企业接近新的技术（Karim & Mitchell，2000），从而可以保证收购公司具有较长的生命力。卡普纶（Capron，2002）的研究也表明，收购方与被收购方之间具有协同效应的资源互换会给收购方带来超额的市场回报。当然，除了获取互补性的资源之外，获取专门知识、新的技术以及相关能力也是并购的重要动因。在新技术上投资的失败以及不能发展相关的能力可能会使公司和竞争对手相比失去成本方面的优势，甚至被驱逐出市场（Schilling，1998）。

因此，在资源基础观的理论框架下，并购的动因可以归纳为几个方面，一是获取促使企业发展壮大的互补性资源；二是获取专业化的知识以及新的技术；三是获取与企业发展相关的能力。

4.3.2　基于资源层面的并购价值创造分析

企业资源理论认为企业是一组独特资源的集合体，企业由于资源禀赋的差异而呈现出异质性。企业的竞争优势来源于企业拥有和控制的有价值的、稀缺的、难以模仿并不可替代的异质性资源（Barney，1991）。企业资源的异质性将长期存在，从而使得竞争优势呈现出可持续性。根据对企业竞争优势来源认识的差异，企业资源理论又可分为资源观、能力观和知识观。资源观的核心内容是：企业是资源的集合，竞争优势主要来源于资源的差异而不是产业环境的差异，创造和维持这种差异是企业成功的关键。能力观的核心内容是：企业是能力的集合体；能力是多种技能和知识的集合，它蕴藏于经营的各种活动和过程之中，也蕴藏于人、管理系统、文化和新产品以及机器设备之中；能力是企业取得和保持长期竞争优势的源泉，能力的积累、保持和运用对企业赢得竞争优势具有关键作用。知识观的核心内容是：企业所拥有的知识才是企业竞争优势的决定性因素。企业的竞争优势无疑来自于企业内部，来自于企业配置和开发其资源的能力。但决定企业具有这种能力的却是企业自身所拥有的知识状况。正是企业拥有的知识积累及创新程度，决定了企业配置资源、适应市场的能力状况。企业不仅是资源的集合体，而且是知识的集合体。企业间能力差异的根源是企业所拥有的知识积累及结构的差异。可见，资源基础理论认为企业拥有的"战略资源"、"核心能力"或"隐性知识"是企业获得并维持长久竞争优势的源泉。

并购可以解释为强化现有资源或者获取新资源的手段。并购的动力就是：被并购方拥有某种核心资源，而且这种资源对收购方的资源有强化或者弥补的作用；或者并购方具有某种核心资源，在并购方本身的作用发挥已有限，想要低成本地扩展至其他企业以获取收益。资源的异质性和不可移动性导致了独一无二的、特定企业的资源特性。这些资源的组合为企业产生了一个可持续的竞争优势，这种竞争优势又反过来为企业带来更高的业绩。通过在竞争者之间维持资源的异质性和不可转移性，可以保护一个企业的能力，以达到更好的结果。替代和重要的创新很少发生，因为替代和创新需要有一个特定的环境和特定企业的资源才能成功。模仿也难以实现，原因与下列因素有关：因果关系的模糊性、模仿者缺少合适资源和时间竞争压力。由于模仿、替代和创新的困难，企业经常把并购资源作为它们获得市场竞争优势的有效手段。资源的不可转移性也意味着，企业的资源在市场上不能普通地、轻易地和情愿地交换。因此，这些资源只有通过为商业单位专门开设的市场或企业才能进行交易，企业并购就成为了购买大量资源的主要机制。这意味着，尽管管理者偏好于在市场上交换个别的资源，然而资源的不可移动性却迫使收购企业整个地购买了对方企业。

企业需要获得新的资源、技术以及能力去适应动态变化的环境。由于能力包含默会性的知识，他们不能通过市场交易来获取（Eisenhardt &

Martin，2000；Makadok，2001），而且能力的内部培育会受到公司现有能力的限制（Grant，1996；Teece et al.，1997），也会受到现有知识的限制（Cohen & Levinthal，1990）。这些限制会产生路径依赖从而导致核心刚性（Leonard - Barton，1992；Levinthal & March，1993）。并且随着外部条件的改变，公司的适应能力会变得更加有限（Levitt & March，1988）。而并购可以减少有界理性和时间上的不经济性，可以为资源、能力以及具有专业技能和经验的人员在组织间的转移提供机会（Ahuja & Katila，2001；Karim & Mitchell，2000）。

总之，使用企业并购来调遣资源已经成为企业并购领域的一个重要的话题，尤其是那些主要动机在于获得新技术的并购，而这些新技术难以通过内部研发获得。由于市场在交易特定企业的和默许的资源上的失败，那些希望获得特定企业的技术性资源的企业就会使用并购作为它们的战略选择（胡浩，2007）。也就是说，并购为获取企业发展所需的互补性资源、专业化知识和核心能力提供了可能，为潜在价值的创造提供了可能。然而，从“获得目标企业的知识、能力和资源”到“建立持续竞争优势”之间有一个不可逾越的阶段——即通过并购后的整合来实现双方资源、知识、能力的转移和扩散，进而形成企业新的可持续的竞争优势。

4.3.3　价值创造的实现——并购后资源的有效整合

并购是企业为突破内部资源约束，促进自身快速成长而采用的发展战略，其实质是市场经济条件下的一种资源再配置过程。并购后的企业不应是并购各方企业的“克隆”，也不应是并购双方的简单叠加。作为经济学意义上的一种资源集合体，并购前后企业的“异质性”要求企业必须在并购后实施资源整合，它是决定企业并购成败的关键性因素。并购是企业内外部资源融合的过程，是企业提升市场竞争力的重要途径，其竞争力的根源在于资源共享和整合所创造的协同效应。而协同效应并不是并购交易的必然结果，必须对并购后的企业资源进行有效整合，才可能实现预期的协同效应。

本书按照整合动力—整合过程—整合内容—整合业绩—财务绩效这一逻辑主线来阐述并购整合的价值创造机理。

1. 整合动力

追求价值链的整体价值最大化，实现资源的互补和共享效应，是资源整合的原动力。价值链的概念是由迈克·波特（Michael E. Porter）于1985年在其所著的《竞争优势》一书中首先提出来的，他将价值链描述成一个企业用以设计、生产、销售、交货以及对产品起辅助作用的各种活动的集合，是一系列连续完成的活动。创造价值的过程可分解为一系列互不相同但又相互关联的增值活动，总和即构成价值系统。企业的价值系统主要包括供应商价值链、生产单位价值链、销售渠道价值链和买方价值链等。价值链的各个环节之间相互关联、相互影响，一个环节对下一个环节会有直接的影响。在某些价值增值环节上，本企业拥有优势，而在另外一些价值增值环节上，其他企业可能拥有优势。因此，为达到双赢的协同效应，需要双方在各自价值链的核心环节上展开合作，这样可促使彼此核心专长得到互补，进而使得价值链整体价值达到最优。

并购后资源的互补强调的是资源组合的效果。为了实现资源的互补效应，要求整合管理团队在并购后的整合管理中，能够从整体层面对业务进行关联性分析，探寻许多貌似分离、独立的业务表象背后的有机联系。并购后资源的整合管理需要在原有的资源基础上尝试着对其做一些改变，使之更好地适用于公司，并购双方的资源组合通过互补效应的发挥会产生新的能力，而这些能力又可以为企业创造价值。共享效应指的是公司从一个领域（或某一部分）积累和发展起来的技能，可以无成本或低成本地利用到另外一个领域所产生的效果。通过整合，力求实现双方资源的共享，这样就可以降低企业成本，进而提升企业的总体绩效水平。

2. 整合过程

整合过程中两个重要的指标是整合程度以及整合速度，整合程度是指并购整合后两家公司在市场和运作中系统、结构、活动和程序的相似程度。并购整合程度的影响因素主要有三类，分别是任务特征、公司的组织文化特征和行政因素。波金绍（Birkinshaw，2000）指出，整合程度是并购创造价值的驱动因素。高水平的整合意味着两家公司上述三个方面的差异很小，通过使用统一的系统、结构、活动和过程就能达到高水平的整合（Homburg & Bucerius，2006）。但是整合的程度过高，整合过程中公司间的协调成本就会增大，此时不利于并购价值的创造。整合速度是指达到预期整合目标所需要的时间，现已成为决定并购整合是否能够取得成功的关键变量之一（Marc J. Epstein，2004），整合速度是由整合策略以及整合的复杂性决定的。伯特等人（Bert et al.，2003）研究发现，并购整合必须快速，并且认为并购整合最好在两年内完成。并购速度是并购整合成功的驱动因素（Inkpen et al.，2000）。邓肯安格文（Duncan Angwin，2004）通过对美国 1991 ~ 1995 年全部并购事件的研究发现，并购后第一个一百天的整合期对并购能否取得成功具有至关重要的作用。苏菲和皮埃尔（Sophie & Pierre，2010）也强调了整合速度是整合取得成功的核心。

3. 整合内容

并购后的企业应该有一个清晰的整合战略，整合战略制定的越早，对企业越好，而且整合战略的制定不应受制于企业原有的组织结构（Marc J. Epstein，2004）。同时，莫罗西尼和斯蒂格（Morosini & Steger，2003）均强调了创建一个总体的整合框架，并且组合具有不同文化背景的人员为了共同的价值标准在一起工作是并购能够取得成功的重要因素。清晰的整合战略的制定，有利于实现企业内部各职能机构之间的分工和协作，便于企业优化经济结构，实现资源配置的优化和效益的最大化。除此之外，企业的组织整合、文化整合以及人力资源整合也具有至关重要的作用。莫罗西尼（1999）以及格玛沃特（Ghemawat，2001）均强调了填充在组织、文化、地域差异等方面的空白对整合成功的重要性。特别是对于跨区域并购企业进行文化整合时，需要综合考虑不同区域的地域文化差异以及企业间存在的价值标准、管理风格以及组织风格等方面的差异。同样，人力资源的整合也具有至关重要的地位，雇员的动机是实现整合成功的一个关键因素（Cartwright，2005），而雇员的动机又受到几个因素的影响：整合的速度，收购方的文化兼容性和敏感性，联系的质量、奖励的质量以及工作的稳定程度（Ashkenas et al.，1998）。因此，除了考虑技术和结构方面的整合外，人力资源以及文化方面的整合更是重中之重，而且并购后联系的越早、越迅速就越有助于增加雇员的动机、建立对企业的信任，进而有利于实现整合的成功。

总之，并购后的整合是一个系统的工程，需要制订详尽的计划并采取有效的手段才能取得成效（Morosini & Steger，2003）。一致的整合战略、强有力的整合团队、整合中的及时沟通、整合速度以及组织、文化、人员等具体的各个环节上的整合都对整合的成功具有重要的作用。

4. 整合业绩

整合业绩可以从两个方面来衡量，即并购后成本的减少以及市场的变化情况。成本减少量是指并购整合所实现的成本降低情况，若整合后的公司成本明显低于整合前两家公司的总成本，则表明整合业绩较好。除了成本减少量外，另一个用来衡量并购后公司整合业绩的是并购后的市场绩效。并购后的市场绩效定义为合并后公司营销及运作活动所带来的结果，如销售量的增加，市场份额的扩大以及客户资源的共享等。市场绩效的改善主要来自于并购后的营业收入的增加，而营业收入的增加又主要来自于并购后公司议价和客户管理能力的提高，从而在市场业绩上产生了一些好的结果，如客户资源共享对销售的促进，产品和服务选择增多，改进与客户谈判的地位等。

5. 财务绩效

财务绩效是并购成败的一个重要衡量指标，也是并购后价值创造和价值毁损最直接的测量指标。从整合的业绩来看，无论是成本的降低还是市场份额的增加等，最终都会反映到企业的财务绩效上，也就是说会引起企业财务指标的增减变化。

总之，潜在的价值创造是指在理想的条件下可以创造的价值，然而由于尽职调查的不充分造成的目标企业选择失误，进而导致的价值损耗，信息不对称造成的过度支付导致的价值损耗，资源流动存在的效率损失导致的价值损耗以及整合不力造成的价值损耗的存在，使得潜在的价值难以实现。这也是为何大量的实证研究得出并购使得收购公司价值遭受了损失的原因所在，因此我们应该辩证地理解并购的价值创造机理。

4.4　研究假设的提出

基于上述理论分析，并结合现有的相关研究文献，提出本书的总体研究假设以及分类研究假设。

4.4.1　总体研究假设

假设 1：跨区域并购会提升企业的长期绩效。

公司是以企业价值最大化（即股东利益最大化）为目标，公司的各种活动都是围绕股东利益最大化展开的，上市公司的并购活动也不例外。资源基础理论认为企业是资源的集合体，企业的竞争优势来源于企业拥有的战略资产、核心能力或隐性知识。由于战略资源的内部培育具有路径依赖和长期累积的特点，因此并购是企业获取战略资源的重要途径。由于我国各区域的经济发展水平、地理位置、市场环境均存在较大的差异，这导致不同区域的企业间资源分布不均匀。通过跨区域并购可以获取目标方企业的地域特定资源，将稀缺资源内部化，进而对收购方企业的资源起到强化和弥补的作用，这些资源的组合为企业产生了一个可持续的竞争优势，这种竞争优势又反过来为企业带来更高的业绩。格林（Green，1990）研究发现：经济发达地区的企业并购不发达地区企业之后，通过向被收购方输入资金、技术，改善生产经营管理，提高被收购方的生产效率，可以消除或减少区域差距，产生资源再配置效应，进而促进地区经济和整体经济的全面发展。因此，本书假定并购的主要目的在于提高公司的价值，跨区域并购也不例外，即跨区域并购会提升企业的长期绩效。

假设 2：与区域内并购企业相比，跨区域并购企业的长期绩效会更好。

跨区域并购相对于区域内并购而言，由于区域间的经济发展水平、市场环境、制度环境以及地域特定资源等差异的存在，使得不同区域的不同企业间的成长能力和资源的不平衡程度较高。基于交易成本理论分析可以得出，资源差异越大的企业间，可能获得的协同效应会越强。同样，跨区域并购企业间组织差异也较区域内并购企业明显，这在一定程度上刺激了双方组织资源的相互吸引，有利于资源在更大范围、更大程度的流动，实现了资源的共享和互补，有利于协同效应的发挥。因此，跨区域并购可以使得资源突破区域的限制，实现资源在不同区域的不同企业间流动，进而实现资源的优势互补，能够更好地发挥并购的资源再配置功能，进而提升企业的竞争力。方军雄（2009）认为跨区域并购有助于资源在更广范围的流动、整合，进而改善资源配置效率。基于此，本书提出如下假设，即相对于区域内并购企业而言，跨区域并购企业的长期绩效会更好。

4.4.2 分类研究假设

并购是否提高了企业的绩效，并购的驱动因素是什么，并购的影响因素有哪些？这一直是并购学术界争论的焦点。国内外现有的研究主要是按照并购交易特征以及企业特征方面的差异对并购绩效产生的影响进行了分类研究，本书从资源流动的层面，按照资源流动程度对跨区域并购绩效进行了分类研究，并提出如下假设：

假设 3：收购方并购前拥有的战略资源越多，并购后的长期绩效将会越好。

资源理论认为，企业竞争地位的差别归根到底是资源形态和结构的差别。企业拥有的各种资源在创造持久竞争优势过程中的作用并不完全相同，构成企业持久竞争优势充分条件的资源具有四个特征：一是基础性，即这类资源在满足顾客需求，创造价值过程中发挥着基础性作用，有利于企业在所处环境中更好地把握机遇或减少威胁；二是稀缺性，即资源的数量限定了它不能被多家企业共同使用，而只被少数企业拥有；三是不可模仿性，指竞争对手为模仿或复制这类资源需要投入大量的时间、人力、物力和财力；四是不可替代性，即竞争对手无法利用其他资源取代这类资源的作用。资源理论将企业拥有的稀缺的、不可模仿、不可替代，且能在创造战略绩效过程中发挥重要作用的资源称为“战略性资源”。战略性资源的特征保证了企业满足顾客需要的能力，又保证了企业对资源在一定程度上的独占性。因此，战略性资源是形成企业持久竞争优势的基础（Amit & Schoemaker，1993）。

企业作为一个生产经营单位，不具有实现生产经营活动所需的全部资源，因而企业必须通过某种形式从外部获取一定的资源。阿尔卡塞尔（Alcacer，2002）以及韦森（Wesson，2004）均认为并购是获得战略资产最有效的渠道。并购有助于促进组织的学习，尤其是技术学习，促进技术和能力的发展进而取得持续竞争优势（Vermeulen & Barkema，2001）。喻卫斌（2007）也提出了并购作为企业获取外部资源和能力的重要战略手段，在企业获得持续竞争优势方面发挥着重要的作用。通过并购来获取战略资产有助于企业获得合法的社会支持以及市场声望（Ping Deng，2009）。

阿米特和休马克（Amit & Schoemaker，1993）认为战略资源主要包括三种类型，一是实体资源，主要指企业的地理位置和固定资产（Barney，1991）；二是结构性资源，主要是指企业可以识别的、通过组织惯例、实践、进程嵌入企业内部的知识，新的技术以及专利或许可证（Amit & Schoemaker，1993）；三是人力资本，主要包括雇员的知识和技能（Amit & Schoemaker，1993；Barney，1991）。后两种战略资源均属于智力资源。战略资源和能力能为企业的战略提供基础并且有助于企业保持持续竞争优势，战略资源包括智力资本和实体资源（Grant，1991）。萨莉怀德纳

（Sally K. Widener，2006）也赞同该分类标准，将企业的战略资源分成：实体资源、人力资源和结构性资源。实体资源是指企业拥有的有形的、“硬”资产（Barney，1991），人力资源是指雇员拥有的知识和技能，结构性资本是组织获取并拥有的知识（Edwards，1997）。尽管智力资源是企业的重要战略资源之一，但由于对其计量存在困难，因此本书采用德姆塞茨（Demsetz，1999）定义的固定资产总额与资产总额的比率作为战略资源流动性程度高低的替代变量来衡量并购绩效与战略资源之间的相关性。李青原（2005）也用固定资产总额与资产总额的比率作为资产专用性程度高低的替代变量来考察企业资产专用性程度高低与并购绩效的关系，指出在激烈的市场竞争中，资产专用性越高的公司，拥有的战略资源越多，越易获得超额利润，公司资产专用性与并购绩效正相关的结论。

基于以上分析，提出本书的研究假设：固定资产总额与资产总额的比率越高的公司，所拥有的战略资源就越多，在并购后可以转移出去的战略资源就可能会越多，并购后企业的绩效就会越好。

假设4：并购前企业拥有的流动资源的数量对并购后企业的绩效有正向影响。

国内外学者关于现金持有量与并购后绩效之间的关系主要有两种观点：一种是基于信息不对称理论和权衡理论，认为持有现金会给企业带来收益和成本，高额现金持有反映了企业的一种理性行为，是企业权衡了持有现金的成本和收益之后，做出的一种理性选择。因此，高现金持有公司收购后的业绩会比收购前更高。另一种观点则基于代理成本和自由现金流理论，认为管理者在公司内部聚集大量现金只是为了自己的私利，在积累大量现金后会将其浪费掉，因此，高现金持有公司从事的收购活动会导致收购后公司业绩的下降。

在实证研究方面，麦克尔森和帕奇（Mikkelson & Partch，2003）研究发现，企业持有高额现金是支持企业成长，减少企业外部融资的成本，企业持续的高额现金持有政策并没有导致较低的业绩，也没有反映出经营者与股东利益的冲突。同样，彭桃英、周伟（2006）从现金持有影响因素、高额现金持有对公司价值的影响等方面进行研究，发现超额现金对企业未来几年的经营业绩有正面影响。而哈福德（Harford，1999）从股票回报率角度说明高现金持有的企业更倾向于进行价值减少的并购活动，主要反映为并购宣告引起的股价下跌和并购后公司运营业绩的下滑。杨兴全、张照南（2008）实证分析了我国上市公司持有现金的市场价值，结果表明，就我国上市公司整体而言，公司持有现金的价值小于账面价值。吴荷青（2009）以连续五年高额持有现金的公司为样本，分析现金持有与公司业绩间的关系，结果同样表明超额现金持有与公司业绩负相关。此外，持续性高额持有现金的公司与非持续性高额持有现金的公司相比，更有可能滥用自由现金流。可见，对现金持有量与公司绩效之间关系的研究并没有得出一致的结论。

本书拟从资源流动的角度来研究企业的现金持有量与并购绩效的关系，并且提出如下假设：现金持有量较高的公司，并购后可以转移到被并购方的流动资源会较多，进而对并购后绩效的改善会起到正向的作用。

4.5　本章小结

本章首先介绍了基于资源基础理论的价值创造模式，分别是内部发展模式、并购以及联盟，并对并购与内部发展模式以及并购与联盟的区别与联系进行了对比分析。在此基础上，指出并购是一种重要的资源再配置方式，是价值创造的重要模式。并购会引起资源要素在不同的区域之间、企业之间以及部门之间的流动，资源要素的流动会受到收购方企业与被收购方企业对资源的吸收能力和释放能力、资源自身属性（复杂性、专用性、兼容性、互补性）以及收购方企业与被收购方企业之间的距离（空间距离、文化距离、制度距离、技术距离、地位距离）等因素的影响。因此，能否实现资源要素在不同区域的不同企业间的充分转移是上述影响因素共同作用的结果。在资源基础观的理论框架下，并购的动因可以归纳为：获取促使企业发展壮大的互补性资源、专业化的知识以及新的技术、企业发展相关的能力。也就是说，并购为获取企业发展所需的互补性资源、专业化知识和核心能力提供了可能，为潜在价值的创造提供了可能。并购是企业内外部资源融合的过程，是企业提升市场竞争力的重要途径，其竞争力的根源在于资源共享和整合所创造的协同效应。而协同效应并不是并购交易的必然结果，必须对并购后的企业资源进行有效整合，才可能实现预期的协同效应，进而改善企业的长期绩效。最后在对并购引起资源要素流动，而资源要素流动又会改变企业长期绩效的机理进行分析的基础上，并结合现有的相关研究文献，提出了本书的研究假设。

我国企业跨区域并购长期绩效的实证分析

本章主要包括两方面的内容，一是交代了数据的来源、样本企业的筛选标准、研究期间的确定以及绩效指标的选择依据，并对样本的总体情况进行了描述性统计；二是以经营现金流量总资产收益率作为并购绩效的代理指标，检验了第 4 章提出的总体研究假设和分类研究假设，并对其研究结论进行了解释说明。

5.1 研究设计

5.1.1 样本选择

1. 数据来源

本书的数据来源包括两部分：

（1）研究中所用的跨区域并购事件以及区域内并购事件来源于中国企业兼并重组研究中心数据库（CCMAR）以及万德（WIND）数据库。

（2）样本公司的绩效代理指标、资源流动代理指标以及其他的控制变量等相关数据来源于锐思数据库（www.resset.cn）、国泰安数据库（CSMAR）以及根据上市公司的财务报告进行的手工整理。

2. 样本选择

中国企业兼并重组研究中心数据库（CCMAR）中，提供了2004年发生的收购公司为上市公司的并购事件236起，2005发生的收购公司为上市公司的并购事件502起，2006年发生的收购公司为上市公司的并购事件812起。在此基础上按照以下标准对样本事件进行了筛选，不满足的予以剔除。

跨区域并购样本的筛选标准：

（1）发生跨区域并购的企业；

本书的跨区域并购是指买方企业的经营地和标的企业的经营地分别属于不同区域的，区域主要是按照华北、华东、中南、西南、西北和东北六大区域划分法来划分的，也就是说只要收购方企业的经营地和标的企业的经营地分属于上述六大区域则属于本书的研究样本。

（2）发生控制权转移的企业；

（3）已经完成交易的企业，即进行了工商登记变更或办理了过户手续的；

（4）考虑到金融保险行业的特殊性，剔除收购公司属于金融保险行业的并购样本；

（5）考虑到ST公司的特殊性，剔除收购公司在并购当年为ST类的样本企业；

（6）本书考察收购企业并购前1年到并购后3年共5年的绩效变化，剔除这五年间财务指标数据信息不完整、缺失、异常值等情况的样本企业。

（7）剔除一年中发生两起或两起以上跨区域并购的样本企业。

经过以上处理，本书共选取 2004～2006 年发生的共 101 起跨区域并购事件作为跨区域并购的最终研究样本，其中 2004 年有 31 起，2005 年有 30 起，2006 年有 40 起。

区域内并购样本的筛选标准：

同时，为了研究的需要，以区域内发生的并购事件作为跨区域并购事件的对比样本进行研究，区域内并购样本的筛选条件如下：

（1）发生同区域并购的企业；

即只要不属于跨区域并购的事件都属于同区域并购事件，也就是说收购方企业的经营地和标的企业的经营地属于上述定义的同一区域。

（2）其余筛选条件同上。

按照上述筛选标准，本书共选取 2004～2006 年发生的 130 起同区域并购事件作为同区域并购的最终研究样本，其中 2004 年 40 起，2005 年 46 起，2006 年 44 起。这样本书的样本总数为 231 起，其中跨区域并购 101 起，同区域并购 130 起。

（3）样本的描述性统计，如表 5－1、表 5－2、图 5－1、图 5－2 所示。

表 5－1　　样本的时间分布

	2004 年		2005 年		2006 年		合计	
	样本数	比重	样本数	比重	样本数	比重	样本数	比重
跨区域并购	31	0. 44	30	0. 4	40	0. 48	101	0. 44
区域内并购	40	0. 56	46	0. 6	44	0. 52	130	0. 56
合计	71	1	76	1	84	1	231	1

表 5－2　　样本的行业分布

代码	行业名称	跨区域并购样本		区域内并购样本	
		样本数	比例（%）	样本数	比例（%）
A	农、林、牧、渔业	4	4	5	3.8
B	采掘业	3	3	6	4.6
C	制造业	56	55	70	54.7
D	电力、煤气及水的生产和供应业	6	6	7	5.4
E	建筑业	0	0	1	0
F	交通运输、仓储业	0	0	4	3
G	信息技术业	5	5	9	7
H	批发零售业	2	2	7	5.4
J	房地产业	10	10	10	7.7
K	社会服务业	5	5	6	4.6
M	综合	10	10	5	3.8
合　计		101	100	130	100

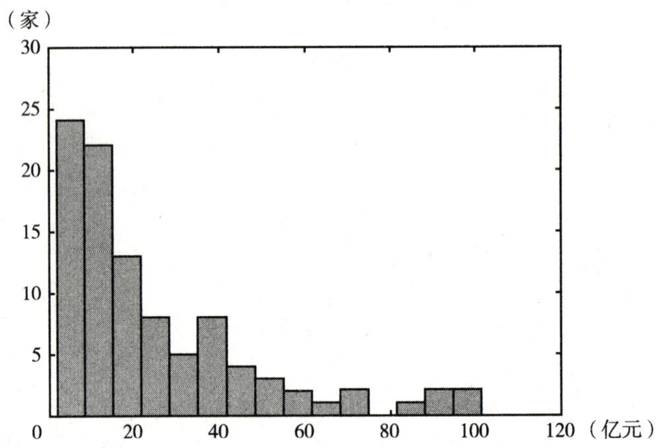

图 5－1　跨区域并购企业资产总额描述性统计

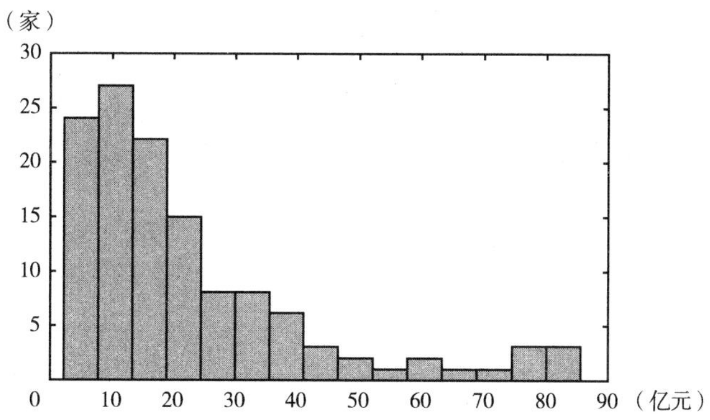

图 5－2　同区域并购企业资产总额描述性统计

5.1.2　研究期间及绩效指标的选择

1. 研究期间的选择

本书是研究跨区域并购企业的长期绩效，那么到底该选取并购后多长时间段来对并购后的绩效进行衡量呢？这是一个需要认真考虑的问题，因为研究期间的选择会对研究结果产生重要的影响。

对于样本企业研究年度的选取而言，一是年度跨度不宜过短，如果研究期间过短，并购的影响难以较为显著的凸显出来；二是年度跨度不宜过长，如果研究期间过长，并购事件受其他因素的影响会较大，就会削弱并购事件本身所带来的影响。本书借鉴李善民（2004）以及詹斯和凯文（Jens Hagendorff & Kevin Keasey，2009）对并购长期绩效的研究，他们的研究均是以并购前 1 年到并购后 3 年作为并购长期绩效的研究期间。基于此，本书假定并购的效益能够在并购后 3 年内充分地发挥出来，并以我国 2004～2006 年发生的跨区域并购事件为样本，选取并购前 1 年到并购后 3 年共 5 年的数据，对其并购前后绩效的变动情况进行研究。

2. 绩效指标的选择

国内外学者对公司并购绩效的研究主要有两种方法，一是基于证券市场反映的超常收益法（事件研究法）；二是基于公司财务指标的会计研究法。其中，事件研究法是以有效的证券市场为前提，比较适用于发达的证券市场，但是对于我国的证券市场是否有效是存在质疑的（吴世农，1996）。更为重要的是事件研究法难以对并购导致的股价变化的原因提供合理的解释，使得研究工作的实践意义受到了约束。同时，事件研究法一般以考察并购的短期效应为主要目的，通常选择并购公告发布前后某个时间段，计算出公司的累积超常收益以考察并购的短期绩效。会计研究法是采用财务指标对并购重组绩效进行评价，主要有如下两种具体的方法，一是采用单一的综合性指标；二是选取代表性指标建立指标体系；会计研究法主要适用于资本市场有效性存在较大争议的市场，通过对重组公司进行长期观察，评价其并购后绩效的变化，国内使用较多。下面我们将分析一下会计研究法的现有研究。

（1）使用单一指标。

朗（Lang，1989）以及瑟韦斯（Servaes，1991）最早采用托宾 Q 来衡量企业的经营绩效，希利等人（Healy et al.，1992）最早开始使用税前经营现金流（Pre-tax Operating Cash Flow，OCF）来测量并购绩效。之后更多的学者开始使用经营现金流量这个指标来反映并购绩效的变化趋势。以现金流量来衡量并购的绩效可避免一些会计操纵问题（Limmack，2000）。与希利等人（1992）以及高希（Ghosh，2001）一样，颜子瑜（Tze-Yu Yen，2007）也使用经营现金流量来测量并购公司的绩效，同时还根据收购方的规模、行业和收购前的绩效，选择配对公司作为对比基准对收购方的绩效进行了调整，计算出调整后的经营现金流比率（ACFR），即公司的经营现金流回报减去配对组公司的经营现金流回报。同样，尼古拉斯 F. 卡莱恩（Nicholas F. Carline，2009）也使用经营现金流量总资产收益率作为并购绩效的代理指标来计算银行并购后的长期绩效。国内学者李善民、曾昭灶（2004）以经营现金流量总资产收益率来衡量和检验上市公司并购后的绩效，认为采用这个指标，可以减少由于企业实行盈余管理带来的信息失真，也可以避免会计制度和企业会计政策变更带来的比较基础不一致性的问题，而且从理论角度看，企业的价值或股东价值是企业预期净现金流量的折现，采用这个指标也和公司价值或者股东价值最大化相一致。同样，林晓辉、吴世农（2008）也采用经营现金流资产收益率（CFROA）来度量公司的绩效。

（2）使用多指标建立指标体系。

徐国祥等（2000）提出采用主观赋权和客观赋权相结合的方法来评价公司的经营绩效。即在绩效评估中，首先分别对上市公司盈利能力、资产管理能力、偿债能力、资本结构和经营发展能力 5 个方面的能力各自做主成分分析，得到 5 种能力各自的综合得分；然后再依据这 5 种能力在公司经营绩效评价中的重要性分别赋予不同的权重，依次分别赋予 40%、10%、10%、15%、25% 的权重，计算出的加权平均值就是公司综合绩效得分。李善民、朱滔（2004）也采用了同样的方法来衡量并购绩效。冯根福、吴林江（2001）以及李青原（2007）则是选取了主营业务收入/总资产、净利润/总资产、每股收益、净资产收益率这 4 个指标，采用因子分析法对上述指标赋予了权重，构造综合得分函数以获得并购前后各年的综合得分值来衡量并购的绩效。刘志强（2007）、姚禄仕、李胜南（2007）以及刘大志（2010）同样使用因子分析法对财务比率指标体系综合打分以衡量并购绩效，不同之处就在于他们选择的构建指标体系的各个指标存在差异。

可见，采用多指标建立指标体系来衡量并购绩效的方法，从直觉上看似乎是比较全面的综合评价方法，但是该方法在赋予权重的问题上存在两处不足，一是主观赋权法受到人为因素的影响，不同的学者对其赋予的权重存在差异，势必导致最后的研究结论存在差异；二是所谓的较客观的赋权法——因子分析法，由于做因子分析时，指标的选取随意性较大，没有统一的标准，所以用因子分析法做出的结果也是千差万别，而且各个因子所代表的经济含义也不明朗。

综上所述，事件研究法适用于证券市场较发达的资本市场，而且多用于短期绩效的考察，本书拟对中国企业跨区域并购的长期绩效进行考察，显然，该方法不适用于本书的研究。同时，会计研究法中的采用多指标构建指标体系的研究方法也存在不足：即指标选取的随意性以及赋权理论依据不足会导致研究结论的不一致。鉴于此，本书拟采用经营现金流量总资产收益率（NCFROA）来衡量跨区域并购的长期绩效。采用该指标，可以减少由于企业实行盈余管理带来的信息失真，可以避免会计制度和企业会计政策变更带来的比较基础不一致性的问题，也可以确保绩效的测量方法不会受到不同的并购支付方式、税务政策或者并购融资策略的影响。而且从理论角度看，企业的价值或股东价值是企业预期净现金流量的折现，采用这个指标也和公司价值或者股东价值最大化相一致（李善民，2004）。本书定义的经营现金流量总资产收益率（NCFROA）等于经营现金净流量除以总资产，即 NCFROA = NCF/Total Asset，经营现金流量用 NCF 表示，总资产用 Total Asset 来表示。同时为了消除行业景气对并购绩效的影响，本书按行业均值和行业中位数对经营现金流量总资产收益率进行了调整，按行业均值调整后的经营现金流量总资产收益率（NCFROA1）等于调整前的经营净现金流量总资产收益率减去行业均值，按行业中位数调整后的经营净现金流量总资产收益率（NCFROA2）等于调整前的经营净现金流量总资产收益率减去行业中位数。用公式表示为：

$$NCFROA1 = NCFROA - \text{行业均值}$$

$$NCFROA2 = NCFROA - \text{行业中位数}$$

5.2　跨区域并购总体实证分析

本节是从总体的角度对全部跨区域并购样本进行均值检验，以揭示并购后绩效的变化趋势。

5.2.1　实证分析过程

（1）全部跨区域并购样本各期间绩效的均值，如表 5－3 所示。

表 5－3　全部跨区域并购样本均值

	F（－1）	F（0）	F（1）	F（2）	F（3）
NCFROA	0.0534	0.0482	0.0427	0.0397	0.0693
NCFROA1	0.0071	－0.0052	－0.0254	－0.0312	0.0028
NCFROA2	0.0049	－0.0058	－0.0168	－0.0792	0.0059

注：F（－1）：并购前 1 年的绩效均值；F（0）：并购当年的绩效均值；
F（1）：并购后第 1 年的绩效均值；F（2）：并购后第 2 年的绩效均值；
F（3）：并购后第 3 年的绩效均值。

（2）全部跨区域并购样本的均值检验结果，如表 5－4 所示。

表 5－4　全部跨区域并购样本的均值检验

	F(0)－F(－1)	F(1)－F(－1)	F(2)－F(－1)	F(3)－F(－1)	F(1)－F(0)	F(2)－F(1)	F(3)－F(2)
N	101	101	101	101	101	101	101
M	－0.0052 (－0.526)	－0.0107 (－1.227)	－0.0137** (－2.106)	0.0059 －0.0858	－0.0055 (－0.782)	－0.003 (－0.625)	0.0296** －2.524
M1	－0.0123 (－0.936)	－0.0325* (－1.972)	－0.0383** (－2.455)	－0.0043 (－0.313)	－0.0202 (－1.231)	－0.0058 (－0.544)	0.034** －2.336
M2	－0.0107 (－0.711)	－0.0217 (－1.411)	－0.084*** (－2.856)	0.001 －0.224	－0.011 (－0.718)	－0.0625** (－2.181)	0.085*** －2.866

注：F(0)－F(－1)：并购当年与并购前 1 年绩效的差值；F(1)－F(－1)：并购后第 1 年与并购前 1 年绩效的差值；F(2)－F(－1)：并购后第 2 年与并购前 1 年绩效的差值；F(3)－F(－1)：并购后第 3 年与并购前 1 年绩效的差值；F(1)－F(0)：并购后第 1 年与并购当年绩效的差值；F(2)－F(1)：并购后第 2 年与并购后第 1 年绩效的差值；F(3)－F(2)：并购后第 3 年与并购后第 2 年绩效的差值；N：样本量；M：均值，绩效的算术平均；M1：按行业均值调整后的值，等于并购绩效减去行业均值后的算术平均；M2：按行业中位数调整后的值，等于并购绩效减去行业中位数后的算术平均。均值的正负表示业绩的上升或下降，均值的大小表示业绩变动的相对程度，*、**、*** 分别表示双尾检验在 10%、5% 和 1% 的统计水平下显著。

（3）全部跨区域并购样本的绩效均值折线图，如图 5－3 所示。

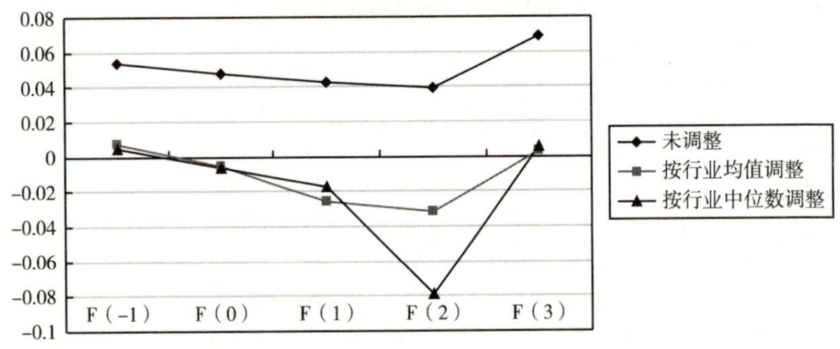

图 5-3 全部跨区域并购样本的绩效均值折线图

5.2.2 实证结果的解析

(1) 从表 5-3 和图 5-3 中可以看出，无论是调整前的经营现金流量总资产收益率还是按行业均值或行业中位数调整后的经营现金流量总资产收益率，并购后绩效的变动趋势均呈现相同的态势，即并购后绩效一直呈现下降的趋势，到并购后第 2 年下降到了最低点，然后开始上升，直至并购后第 3 年的绩效略微高于（或低于）并购前 1 年的水平。

(2) 从表 5-4 可以看出，并购当年与并购前 1 年相比，绩效出现下滑趋势，但并不显著；并购后第 1 年与并购前 1 年相比，绩效继续下滑，呈现微弱显著；并购后第 2 年与并购前 1 年相比，绩效出现显著的下降；并购后第 3 年与并购前 1 年的绩效相比调整前呈上升趋势，按行业均值调整后呈略微下降趋势，按行业中位数调整后呈现略微上升趋势，在统计上均不显著；并购后第 3 年与并购后第 2 年相比，绩效呈现显著的上升趋势。

总之，我国上市公司并购后第 3 年与并购前 1 年相比，调整前的绩效较并购前 1 年绩效的均值增加了（0.0159），按行业均值调整后的绩效较并购前 1 年绩效的均值下降了（0.0043），按行业中位数调整后的绩效较并购前 1 年绩效的均值上升了（0.001），但统计上均不显著。即从整体上看，我国企业跨区域并购绩效呈现先下降后上升的趋势，但从并购后第 3 年企业的绩效与并购前 1 年相比的结果来看，说明跨区域并购并没有实质性地提高企业的绩效。

5.3　跨区域并购分类实证分析

本节按照收购企业固定资产比率的高低，以及收购企业现金持有量的高低对跨区域并购样本企业进行了分类分析，以期揭示资源流动程度对跨区域并购长期绩效的影响。

5.3.1　按固定资产比率高低分类

本书将固定资产比率作为资源流动的代理指标之一，先计算出全部跨区域并购样本的固定资产比率的平均值，将低于平均值的归为固定资产比率较低组，共 57 个样本，占总样本量的 56%；将高于平均值的归为固定资产比率较高组，共 44 个样本，占总样本量的 44%。

（1）固定资产比率较低组相关情况，如表 5－5、表 5－6 所示。

表 5－5　　固定资产比率较低组均值

	F（－1）	F（0）	F（1）	F（2）	F（3）
均值	0.0396	0.0312	0.0185	0.0014	0.0424

注：F（－1）：并购前 1 年的绩效均值；F（0）：并购当年的绩效均值；
F（1）：并购后第 1 年的绩效均值；F（2）：并购后第 2 年的绩效均值；
F（3）：并购后第 3 年的绩效均值。

表 5－6　　固定资产比率较低组均值检验

	F(0)－F(－1)	F(1)－F(－1)	F(2)－F(－1)	F(3)－F(－1)	F(1)－F(0)	F(2)－F(1)	F(3)－F(2)
N	57	57	57	57	57	57	57
M	－0.0084 (－0.414)	－0.0211 (－0.829)	－0.0382 (－1.542)	0.0028 －0.148	－0.0127 (－0.492)	－0.0171 (－0.794)	0.041* －1.951

注：F(0)－F(－1)：并购当年与并购前1年绩效的差值；F(1)－F(－1)：并购后第1年与并购前1年绩效的差值；F(2)－F(－1)：并购后第2年与并购前1年绩效的差值；F(3)－F(－1)：并购后第3年与并购前1年绩效的差值；F(1)－F(0)：并购后第1年与并购当年绩效的差值；F(2)－F(1)：并购后第2年与并购后第1年绩效的差值；F(3)－F(2)：并购后第3年与并购后第2年绩效的差值；N：样本量；M：均值，绩效的算术平均；M1：按行业均值调整后的值，等于并购绩效减去行业均值后的算术平均；M2：按行业中位数调整后的值，等于并购绩效减去行业中位数后的算术平均。均值的正负表示业绩的上升或下降，均值的大小表示业绩变动的相对程度，*表示双尾检验在10%的统计水平下显著。

（2）固定资产比率较高组相关情况，如表5－7、表5－8所示。

表 5－7　　固定资产比率较高组均值

	F（－1）	F（0）	F（1）	F（2）	F（3）
均值	0.0724	0.0611	0.0496	0.0438	0.0867

注：F（－1）：并购前1年的绩效均值；F（0）：并购当年的绩效均值；
F（1）：并购后第1年的绩效均值；F（2）：并购后第2年的绩效均值；
F（3）：并购后第3年的绩效均值。

表 5－8　　固定资产比率较高组均值检验

	F(0)－F(－1)	F(1)－F(－1)	F(2)－F(－1)	F(3)－F(－1)	F(1)－F(0)	F(2)－F(1)	F(3)－F(2)
N	44	44	44	44	44	44	44
M	－0.0113 (－1.001)	－0.0228 (－1.549)	－0.0286 (－1.695)	0.0143 －1.352	－0.0115 (－1.125)	－0.0058 (－0.366)	0.0429* －1.859

注：F(0)－F(－1)：并购当年与并购前1年绩效的差值；F(1)－F(－1)：并购后第1年与并购前1年绩效的差值；F(2)－F(－1)：并购后第2年与并购前1年绩效的差值；F(3)－F(－1)：并购后第3年与并购前1年绩效的差值；F(1)－F(0)：并购后第1年与并购当年绩效的差值；F(2)－F(1)：并购后第2年与并购后第1年绩效的差值；F(3)－F(2)：并购后第3年与并购后第2年绩效的差值；N：样本量；M：均值，绩效的算术平均；M1：按行业均值调整后的值，等于并购绩效减去行业均值后的算术平均；M2：按行业中位数调整后的值，等于并购绩效减去行业中位数后的算术平均。均值的正负表示业绩的上升或下降，均值的大小表示业绩变动的相对程度，*表示双尾检验在10%的统计水平下显著。

（3）按固定资产比率高低分类的折线图，如图5-4所示。

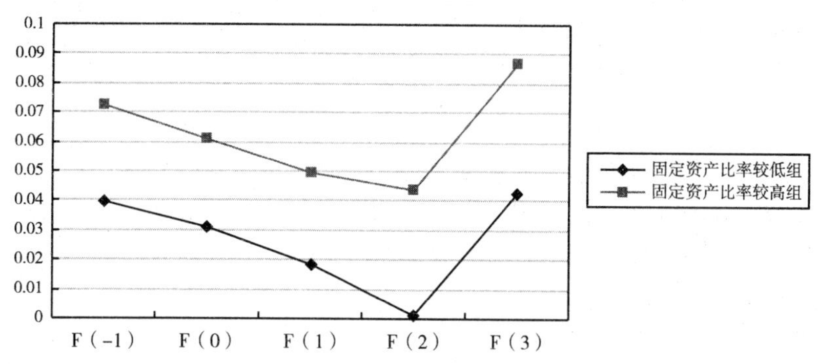

图5-4 按固定资产比率高低分类的折线图

注：F（-1）：并购前1年的绩效均值；F（0）：并购当年的绩效均值；
F（1）：并购后第1年的绩效均值；F（2）：并购后第2年的绩效均值；
F（3）：并购后第3年的绩效均值。

（4）结果及其相关解释。

由图5-4以及表5-5至表5-8可以看出，固定资产比率较高组与固定资产比率较低组绩效的变化呈现相同的态势，即并购后两组的绩效均呈现下降的趋势，直至并购后第二年开始上升，并超过并购前的水平，相比较而言，固定资产比率较高组的绩效上升更为显著一些。

尽管固定资产比率较高企业与固定资产比率较低企业均呈现先下降后上升的趋势，但相比较而言，固定资产比率较高组，并购后的绩效明显要好于固定资产比率较低组的绩效。可能的原因是：战略性资源是企业拥有的稀缺的、不可模仿、不可替代的资源，是形成企业持久竞争优势的基础，并购作为战略资源转移的重要手段之一，在企业竞争优势的形成中发挥着重要的作用。固定资产比率越高的企业意味着拥有的战略资源就越多，那么并购后能够转移到被并购方的战略资源就会越多，从而可以通过迅速改善目标公司的绩效来提升企业的整体绩效。因此，固定资产比率较高企业的绩效要好于固定资产比率较低企业的绩效。

5.3.2 按现金持有量高低分类

本书将现金持有量作为资源流动的另一个代理指标，先计算出全部样本现金持有量的平均值，将低于平均值的样本企业归为现金持有量较低组，共61个样本，占样本总量的60%；将高于平均值的样本归为现金持有量较高组，共40个样本，占样本总量的40%。

（1）现金持有量较低组相关情况如表5－9、表5－10所示。

表5－9　　　　现金持有量较低组的均值

	F（－1）	F（0）	F（1）	F（2）	F（3）
均值	0.0516	0.0632	0.0416	0.0288	0.0566

注：F（－1）：并购前1年的绩效均值；F（0）：并购当年的绩效均值；
F（1）：并购后第1年的绩效均值；F（2）：并购后第2年的绩效均值；
F（3）：并购后第3年的绩效均值。

表5－10　　　　现金持有量较低组的均值检验

	F(0)－F(－1)	F(1)－F(－1)	F(2)－F(－1)	F(3)－F(－1)	F(1)－F(0)	F(2)－F(1)	F(3)－F(2)
N	61	61	61	61	61	61	61
M	0.0116 －0.686	－0.01 (－0.489)	－0.0228 (－1.624)	0.005 －0.494	－0.0216 (－1.535)	－0.0128 (－0.959)	0.0278* －2.336

注：F(0)－F(－1)：并购当年与并购前1年绩效的差值；F(1)－F(－1)：并购后第1年与并购前1年绩效的差值；F(2)－F(－1)：并购后第2年与并购前1年绩效的差值；F(3)－F(－1)：并购后第3年与并购前1年绩效的差值；F(1)－F(0)：并购后第1年与并购当年绩效的差值；F(2)－F(1)：并购后第2年与并购后第1年绩效的差值；F(3)－F(2)：并购后第3年与并购后第2年绩效的差值；N：样本量；M：均值，绩效的算术平均；M1：按行业均值调整后的值，等于并购绩效减去行业均值后的算术平均；M2：按行业中位数调整后的值，等于并购绩效减去行业中位数后的算术平均。均值的正负表示业绩的上升或下降，均值的大小表示业绩变动的相对程度，*表示双尾检验在10%的统计水平下显著。

（2）现金持有量较高组相关情况如表5－11、表5－12所示。

表 5-11　现金持有量较高组的均值

	F（-1）	F（0）	F（1）	F（2）	F（3）
均值	0.0658	0.0312	0.0234	0.0268	0.0712

注：F（-1）：并购前 1 年的绩效均值；F（0）：并购当年的绩效均值；
F（1）：并购后第 1 年的绩效均值；F（2）：并购后第 2 年的绩效均值；
F（3）：并购后第 3 年的绩效均值。

表 5-12　现金持有量较高组的均值检验

F 差值	F(0) - F(-1)	F(1) - F(-1)	F(2) - F(-1)	F(3) - F(-1)	F(1) - F(0)	F(2) - F(1)	F(3) - F(2)
N	40	40	40	40	40	40	40
M	-0.0346* (-1.702)	-0.0424** (-2.128)	-0.039 (-1.587)	0.0054 -0.169	-0.0078 (-0.458)	0.0034 -0.025	0.0444* -2.541

注：F(0) - F(-1)：并购当年与并购前 1 年绩效的差值；F(1) - F(-1)：并购后第 1 年与并购前 1 年绩效的差值；F(2) - F(-1)：并购后第 2 年与并购前 1 年绩效的差值；F(3) - F(-1)：并购后第 3 年与并购前 1 年绩效的差值；F(1) - F(0)：并购后第 1 年与并购当年绩效的差值；F(2) - F(1)：并购后第 2 年与并购后第 1 年绩效的差值；F(3) - F(2)：并购后第 3 年与并购后第 2 年绩效的差值；N：样本量；M：均值，绩效的算术平均；M1：按行业均值调整后的值，等于并购绩效减去行业均值后的算术平均；M2：按行业中位数调整后的值，等于并购绩效减去行业中位数后的算术平均。均值的正负表示业绩的上升或下降，均值的大小表示业绩变动的相对程度，*、** 分别表示双尾检验在 10%、5% 的统计水平下显著。

（3）按现金持有量高低分类的折线图，如图 5-5 所示。

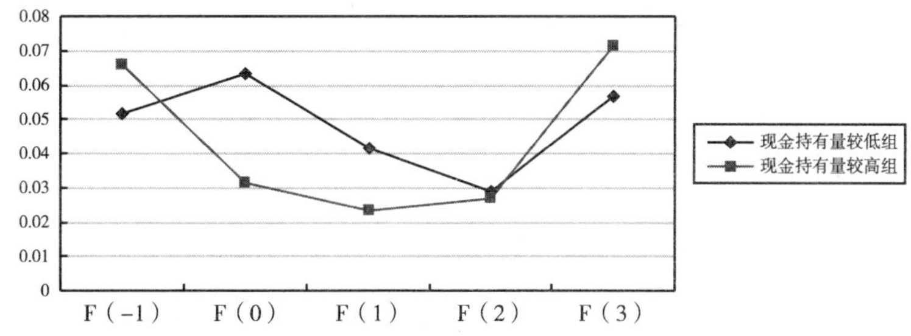

图 5-5　按现金持有量高低分类折线

注：F（-1）：并购前 1 年的绩效均值；F（0）：并购当年的绩效均值；
F（1）：并购后第 1 年的绩效均值；F（2）：并购后第 2 年的绩效均值；
F（3）：并购后第 3 年的绩效均值。

（4）结果及其相关解释

由图5－5可以看出，现金持有量较低组的样本企业在并购当年绩效呈现上升趋势，之后一直下降，直至并购后第3年开始回升并略微超过并购前1年的水平；现金持有量较高组的样本企业在并购当年绩效呈现下降趋势，之后一直下降并明显低于现金持有量较低组的绩效，直至并购后第3年绩效开始上升，并超过现金持有量较高组。但从表5－10以及表5－12可以看出，并购后第3年的绩效与并购前1年的绩效差的均值检验结果来看，无论是现金持有量较低组还是现金持有量较高组，并购后绩效的变化均不显著，即现金持有量的高低对并购的长期绩效没有显著影响。

高现金持有公司与低现金持有公司的绩效在并购后，都出现了不同程度的下滑，从表面上看，两者之间似乎不存在什么区别，但通过分析可以发现，导致两者业绩下滑的深层次原因与机理是不同的。高现金持有公司的业绩下降可能与滥用自由现金流有关，而低现金持有公司业绩下滑的原因可能是由于资金短缺造成的，在资金短缺的情况下进行现金收购，势必就会通过举债的方式来进行，这无疑增大了企业的成本和财务风险，进而导致业绩的下滑。并购后第3年业绩的小幅度提升，可能归因于并购后协同效应的实现以及整合取得的成效。

5.4 跨区域并购与区域内并购长期绩效的对比分析

本节对跨区域并购企业的长期绩效与区域内并购企业的长期绩效进行了对比分析，并对其比较结果以及差异形成的原因进行了解释。

5.4.1 实证分析过程

1. 按未调整的经营现金流量总资产收益率计算的均值及均值检验

（1）跨区域并购全部样本的均值及均值检验，相关情况如表5－13、

表 5 – 14 所示。

表 5 – 13　　跨区域并购样本企业的均值

	F（–1）	F（0）	F（1）	F（2）	F（3）
均值	0. 0534	0. 0482	0. 0427	0. 0397	0. 0693

注：F（–1）：并购前 1 年的绩效均值；F（0）：并购当年的绩效均值；
F（1）：并购后第 1 年的绩效均值；F（2）：并购后第 2 年的绩效均值；
F（3）：并购后第 3 年的绩效均值。

表 5 – 14　　跨区域并购样本企业的均值检验

	F(0) – F(–1)	F(1) – F(–1)	F(2) – F(–1)	F(3) – F(–1)	F(1) – F(0)	F(2) – F(1)	F(3) – F(2)
N	101	101	101	101	101	101	101
M	–0. 0052 (–0. 526)	–0. 0107 (–1. 227)	–0. 0137 ** (–2. 106)	0. 0059 –0. 858	–0. 0055 (–0. 782)	–0. 003 (–0. 625)	0. 0296 ** –2. 524

注：F(0) – F(–1)：并购当年与并购前 1 年绩效的差值；F(1) – F(–1)：并购后第 1 年与并购前 1 年绩效的差值；F(2) – F(–1)：并购后第 2 年与并购前 1 年绩效的差值；F(3) – F(–1)：并购后第 3 年与并购前 1 年绩效的差值；F(1) – F(0)：并购后第 1 年与并购当年绩效的差值；F(2) – F(1)：并购后第 2 年与并购后第 1 年绩效的差值；F(3) – F(2)：并购后第 3 年与并购后第 2 年绩效的差值；N：样本量；M：均值，绩效的算术平均；M1：按行业均值调整后的值，等于并购绩效减去行业均值后的算术平均；M2：按行业中位数调整后的值，等于并购绩效减去行业中位数后的算术平均。均值的正负表示业绩的上升或下降，均值的大小表示业绩变动的相对程度，** 表示双尾检验在 5% 的统计水平下显著。

（2）区域内并购全部样本的均值及均值检验，相关情况如表 5 – 15，表 5 – 16 所示。

表 5 – 15　　区域内并购样本企业的均值

	F（–1）	F（0）	F（1）	F（2）	F（3）
均值	0. 0426	0. 0528	0. 0495	0. 0475	0. 0598

注：F（–1）：并购前 1 年的绩效均值；F（0）：并购当年的绩效均值；
F（1）：并购后第 1 年的绩效均值；F（2）：并购后第 2 年的绩效均值；
F（3）：并购后第 3 年的绩效均值。

表 5-16　　区域内并购样本企业的均值检验

	F(0) - F(-1)	F(1) - F(-1)	F(2) - F(-1)	F(3) - F(-1)	F(1) - F(0)	F(2) - F(1)	F(3) - F(2)
N	130	130	130	130	130	130	130
M	0.0102 -0.986	0.0069 -0.701	0.0049 -0.498	0.0172 -1.607	-0.0033 (-0.226)	-0.002 (-0.154)	0.0123 -1.593

注：F(0) - F(-1)：并购当年与并购前 1 年绩效的差值；F(1) - F(-1)：并购后第 1 年与并购前 1 年绩效的差值；F(2) - F(-1)：并购后第 2 年与并购前 1 年绩效的差值；F(3) - F(-1)：并购后第 3 年与并购前 1 年绩效的差值；F(1) - F(0)：并购后第 1 年与并购当年绩效的差值；F(2) - F(1)：并购后第 2 年与并购后第 1 年绩效的差值；F(3) - F(2)：并购后第 3 年与并购后第 2 年绩效的差值；N：样本量；M：均值，绩效的算术平均；M1：按行业均值调整后的值，等于并购绩效减去行业均值后的算术平均；M2：按行业中位数调整后的值，等于并购绩效减去行业中位数后的算术平均。均值的正负表示业绩的上升或下降，均值的大小表示业绩变动的相对程度。

（3）按是否跨区域并购分类的折线图，如图 5-6 所示。

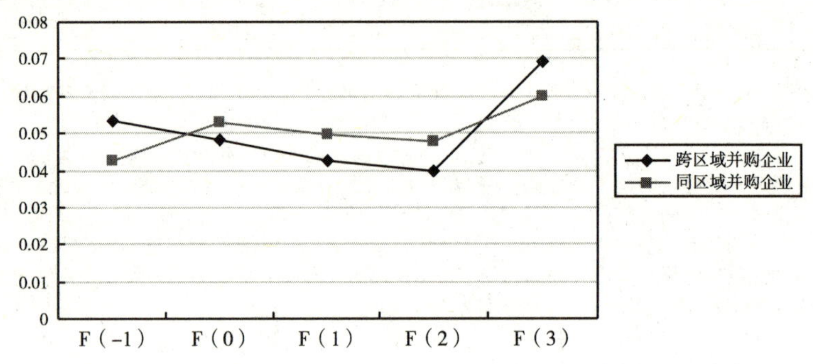

图 5-6　按是否跨区域并购分类的折线图

注：F（-1）：并购前 1 年的绩效均值；F（0）：并购当年的绩效均值；F（1）：并购后第 1 年的绩效均值；F（2）：并购后第 2 年的绩效均值；F（3）：并购后第 3 年的绩效均值。

2. 按行业均值调整后的均值及其均值检验

（1）按行业均值调整后的跨区域并购样本的均值及均值检验，相关情况如表 5-17、表 5-18 所示。

表 5－17　　按行业均值调整后的跨区域并购样本企业的均值

	F（－1）	F（0）	F（1）	F（2）	F（3）
均值	0.0071	－0.0052	－0.0254	－0.0312	0.0028

注：F（－1）：并购前 1 年的绩效均值；F（0）：并购当年的绩效均值；
F（1）：并购后第 1 年的绩效均值；F（2）：并购后第 2 年的绩效均值；
F（3）：并购后第 3 年的绩效均值。

表 5－18　　按行业均值调整后的跨区域并购样本企业的均值检验

	F(0)－F(－1)	F(1)－F(－1)	F(2)－F(－1)	F(3)－F(－1)	F(1)－F(0)	F(2)－F(1)	F(3)－F(2)
N	101	101	101	101	101	101	101
M	－0.0123 (－0.936)	－0.0325* (－1.972)	－0.0383** (－2.455)	－0.0043 (－0.313)	－0.0202 (－1.231)	－0.0058 (－0.544)	0.034** －2.336

注:F(0)－F(－1)：并购当年与并购前 1 年绩效的差值；F(1)－F(－1)：并购后第 1 年与并购前 1 年绩效的差值；F(2)－F(－1)：并购后第 2 年与并购前 1 年绩效的差值；F(3)－F(－1)：并购后第 3 年与并购前 1 年绩效的差值；F(1)－F(0)：并购后第 1 年与并购当年绩效的差值；F(2)－F(1)：并购后第 2 年与并购后第 1 年绩效的差值；F(3)－F(2)：并购后第 3 年与并购后第 2 年绩效的差值；N：样本量；M：均值，绩效的算术平均；M1：按行业均值调整后的值，等于并购绩效减去行业均值后的算术平均；M2：按行业中位数调整后的值，等于并购绩效减去行业中位数后的算术平均。均值的正负表示业绩的上升或下降，均值的大小表示业绩变动的相对程度，*、** 分别表示双尾检验在 10%、5% 的统计水平下显著。

（2）按行业均值调整后的区域内并购样本的均值及均值检验，相关情况如表 5－19、表 5－20 所示。

表 5－19　　按行业均值调整后的区域内并购企业的均值

	F（－1）	F（0）	F（1）	F（2）	F（3）
均值	－0.0054	0.0014	－0.0054	－0.0078	－0.0032

注：F（－1）：并购前 1 年的绩效均值；F（0）：并购当年的绩效均值；
F（1）：并购后第 1 年的绩效均值；F（2）：并购后第 2 年的绩效均值；
F（3）：并购后第 3 年的绩效均值。

表 5-20　　按行业均值调整后的区域内并购企业的均值检验

	F(0) - F(-1)	F(1) - F(-1)	F(2) - F(-1)	F(3) - F(-1)	F(1) - F(0)	F(2) - F(1)	F(3) - F(2)
N	130	130	130	130	130	130	130
M	0. 0068 -0. 757	-0. 00004 (-0. 003)	-0. 0024 (-0. 209)	0. 0022 -0. 204	-0. 0068 (-0. 757)	0. 0046 -0. 481	0. 0022 -0. 204

注:F(0) - F(-1)：并购当年与并购前 1 年绩效的差值；F(1) - F(-1)：并购后第 1 年与并购前 1 年绩效的差值；F(2) - F(-1)：并购后第 2 年与并购前 1 年绩效的差值；F(3) - F(-1)：并购后第 3 年与并购前 1 年绩效的差值；F(1) - F(0)：并购后第 1 年与并购当年绩效的差值；F(2) - F(1)：并购后第 2 年与并购后第 1 年绩效的差值；F(3) - F(2)：并购后第 3 年与并购后第 2 年绩效的差值；N：样本量；M：均值，绩效的算术平均；M1：按行业均值调整后的值，等于并购绩效减去行业均值后的算术平均；M2：按行业中位数调整后的值，等于并购绩效减去行业中位数后的算术平均。均值的正负表示业绩的上升或下降，均值的大小表示业绩变动的相对程度。

（3）按是否跨区域并购分类的折线图（按行业均值调整后）如图 5-7 所示。

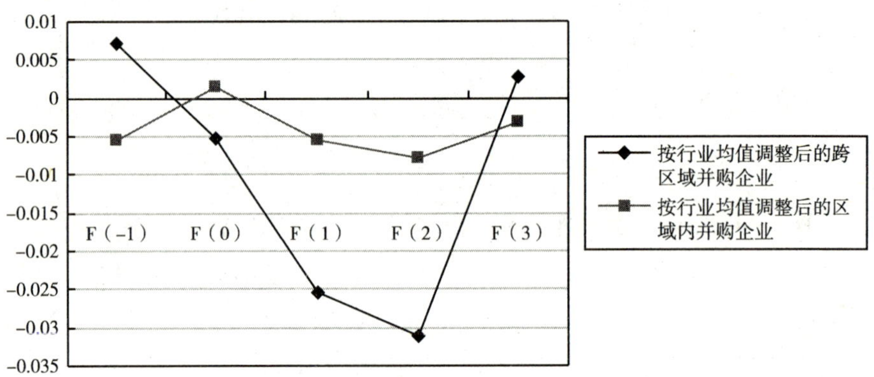

图 5-7　按是否跨区域并购分类的折线图（按行业均值调整后）

注：F (-1)：并购前 1 年的绩效均值；F (0)：并购当年的绩效均值；
F (1)：并购后第 1 年的绩效均值；F (2)：并购后第 2 年的绩效均值；
F (3)：并购后第 3 年的绩效均值。

3. 按行业中位数调整后的均值及其均值检验

（1）按行业中位数调整后的跨区域并购全部样本的均值及均值检验相关情况，如表 5－21、表 5－22 所示。

表 5－21　按行业中位数调整后的跨区域并购样本企业的均值

	F（－1）	F（0）	F（1）	F（2）	F（3）
均值	0.0049	－0.0058	－0.0168	－0.0792	0.0059

注：F（－1）：并购前 1 年的绩效均值；F（0）：并购当年的绩效均值；
F（1）：并购后第 1 年的绩效均值；F（2）：并购后第 2 年的绩效均值；
F（3）：并购后第 3 年的绩效均值。

表 5－22　按行业中位数调整后的跨区域并购样本企业的均值检验

	F(0)－F(－1)	F(1)－F(－1)	F(2)－F(－1)	F(3)－F(－1)	F(1)－F(0)	F(2)－F(1)	F(3)－F(2)
N	101	101	101	101	101	101	101
M	－0.0107 (－0.711)	－0.0217 (－1.411)	－0.0841*** (－2.856)	0.001 －0.224	－0.011 (－0.718)	－0.0625** (－2.181)	0.085*** －2.866

注：F(0)－F(－1)：并购当年与并购前 1 年绩效的差值；F(1)－F(－1)：并购后第 1 年与并购前 1 年绩效的差值；F(2)－F(－1)：并购后第 2 年与并购前 1 年绩效的差值；F(3)－F(－1)：并购后第 3 年与并购前 1 年绩效的差值；F(1)－F(0)：并购后第 1 年与并购当年绩效的差值；F(2)－F(1)：并购后第 2 年与并购后第 1 年绩效的差值；F(3)－F(2)：并购后第 3 年与并购后第 2 年绩效的差值；N：样本量；M：均值，绩效的算术平均；M1：按行业均值调整后的值，等于并购绩效减去行业均值后的算术平均；M2：按行业中位数调整后的值，等于并购绩效减去行业中位数后的算术平均。均值的正负表示业绩的上升或下降，均值的大小表示业绩变动的相对程度，**、*** 分别表示双尾检验在 5%、1% 的统计水平下显著。

（2）按行业中位数调整后的区域内并购样本的均值及均值检验，相关情况如表 5－23、表 5－24 所示。

表 5－23　　按行业中位数调整后的区域内并购样本企业的均值

	F（－1）	F（0）	F（1）	F（2）	F（3）
均值	－0. 0064	－0. 0014	－0. 0028	－0. 0019	0. 0023

注：F（－1）：并购前 1 年的绩效均值；F（0）：并购当年的绩效均值；
F（1）：并购后第 1 年的绩效均值；F（2）：并购后第 2 年的绩效均值；
F（3）：并购后第 3 年的绩效均值。

表 5－24　　按行业中位数调整后的区域内并购样本企业的均值检验

	F(0)－F(－1)	F(1)－F(－1)	F(2)－F(－1)	F(3)－F(－1)	F(1)－F(0)	F(2)－F(1)	F(3)－F(2)
N	130	130	130	130	130	130	130
M	0. 005 －0. 544	0. 0036 －0. 438	0. 0045 －0. 481	0. 0087 －0. 985	－0. 0014 (－0. 141)	0. 0009 －0. 057	0. 0042 －0. 474

注：F(0)－F(－1)：并购当年与并购前 1 年绩效的差值；F(1)－F(－1)：并购后第 1 年与并购前 1 年绩效的差值；F(2)－F(－1)：并购后第 2 年与并购前 1 年绩效的差值；F(3)－F(－1)：并购后第 3 年与并购前 1 年绩效的差值；F(1)－F(0)：并购后第 1 年与并购当年绩效的差值；F(2)－F(1)：并购后第 2 年与并购后第 1 年绩效的差值；F(3)－F(2)：并购后第 3 年与并购后第 2 年绩效的差值；N：样本量；M：均值，绩效的算术平均；M1：按行业均值调整后的值，等于并购绩效减去行业均值后的算术平均；M2：按行业中位数调整后的值，等于并购绩效减去行业中位数后的算术平均。均值的正负表示业绩的上升或下降，均值的大小表示业绩变动的相对程度。

（3）按是否跨区域并购分类的折线图（按行业中位数调整后），如图 5－8 所示。

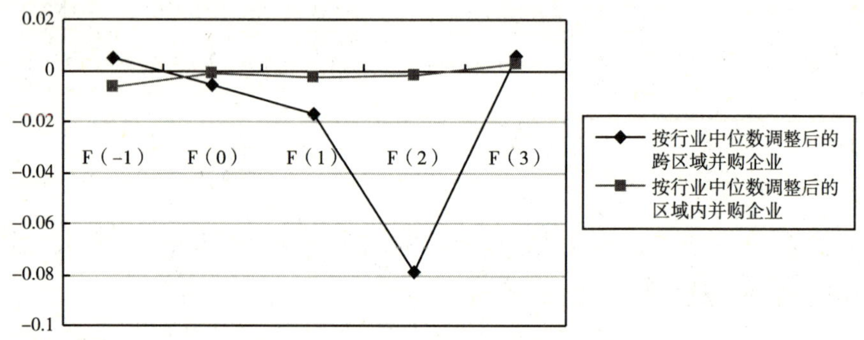

图 5－8　按是否跨区域并购分类的折线图（按行业中位数调整后）

注：F（－1）：并购前 1 年的绩效均值；F（0）：并购当年的绩效均值；
F（1）：并购后第 1 年的绩效均值；F（2）：并购后第 2 年的绩效均值；
F（3）：并购后第 3 年的绩效均值。

5.4.2　实证结果的解析

由本章图表可以看出，调整前的绩效均值与按照行业均值（或中位数）调整后的绩效均值具有同样的变化趋势。区域内并购的样本企业在并购当年绩效上升，并购后第 1 年开始小幅度的下降，直到并购后第 3 年又开始上升，且上升与下降在统计上均不显著，即区域内并购的企业在并购前后绩效变化不明显；跨区域并购的样本企业在并购当年绩效下降，并购后第 1 年与第 2 年继续下降，在统计上较显著，到并购后第 3 年又开始上升，并超过并购前的水平，但统计上不显著。

通过上述分析可以得出如下结论：

（1）无论是跨区域并购还是区域内的并购都没有显著地提高上市公司的绩效；该研究结论与李善民、曾昭灶（2004），姚禄仕、李胜南（2007），屈颖爽等（2008），吴豪、庄新田（2008）以及赵息、周军（2008）的研究结论一致，即并购在短期内对收购公司的绩效有一定的提升，但长期内影响不大。

究其原因，本书认为应该从两个方面进行探源性的分析，一是从并购的动因进行分析；并购动因是并购绩效产生的“推动力”，并购动因包括：获得协同效应、获取更多市场份额、获取被收购方的特有资源、获得多元化经营分散风险以及获取目标公司价值低估收益等。在我国还存在特有的政府动机和买壳动机，这使得我国企业的并购重组多为报表性的并购重组，并购活动更多的成为上市公司用来摆脱困境的一种手段，这样的结果就使得并购只能在短期内改善企业的绩效，长期来看没什么效果。二是从并购后的整合进行分析；多数公司在并购后并未进行有效的整合，这是业绩表现缺乏持续性的另一个重要原因。企业并购是“一揽子”的交易，需要对资产、人员、文化以及信息进行全面的整合，尤其是人员以及文化的整合更是重中之重，如何留住目标企业的关键人员，如何激发人才的积极性和创新精神，以及有效地开发目标企业的人力资源都是人力资源整合当中的难点和重点；同样文化的融合也不是轻而易举可以实现的，需要在文化上扬长避短，吸取并购双方企业中的先进文化，求大同存小异；在信息上应该做到让目标企业员工了解并购的最新进展，了解其在新公司的位置以及新公司未来的发展设想，使员工对并购有一条顺畅的信息渠道。可以说企业完成并购重组后，各方面的资源整合才是真正决定并购成败的关键。

（2）与区域内并购企业相比，跨区域并购企业的短期绩效显著弱于区域内并购企业；长期绩效则要好于区域内并购企业，但统计上不显著。

跨区域并购企业的短期绩效显著差于区域内并购企业的原因主要有两点，一是由于并购双方企业属于不同的区域，两个组织间的空间距离较大会导致资源转移的成本增加。因此，相比较而言，跨区域并购企业间的资源转移的难度可能要大于同区域，反映到企业的绩效上就是跨区域并购企业的绩效在并购初期呈现下降的态势，并且差于同区域并购企业的绩效。二是跨区域并购与同区域并购相比，各种资源整合的难度将更大，表现为并购后协调沟通的难度加大，不利于协同效应的实现；同时不同区域之间的文化差异进一步增大了整合的难度等，因此在短期内会出现跨区域并购后的绩效与同区域并购的绩效相比更差的结果。随着研究期间的拉长，跨区域并购企业的绩效呈现出上升的态势，并且超过了区域内并购企业的绩效，原因在于：跨区域并购会使得资源在更大的范围内流动，能够更好地发挥并购的资源再配置功能。而且，跨区域并购在短期内存在的资源流动以及资源整合方面的不利因素随着研究期间的拉长也在逐步地淡化，因此在长期内跨区域并购企业的绩效要好于区域内并购企业的绩效，但并不显著。

5.5 本章小结

本章首先交代了样本企业的数据来源、筛选标准、研究期间的确定以及绩效指标的选择依据；然后对跨区域并购企业的总体绩效进行了实证分析，得出了跨区域并购企业的总体绩效呈现先下降后上升的趋势，并购后第 3 年的绩效与并购前一年相比，调整前的绩效较并购前 1 年绩效的均值上升了 0.0159，按行业均值调整后的绩效较并购前 1 年绩效的均值下降了 0.0043，按行业中位数调整后的绩效较并购前 1 年绩效的均值上升了 0.001，但统计上均不显著。同时，按照收购企业固定资产比率的高低以及现金持有量的高低对跨区域并购样本企业进行了分类检验。得出了两个结论，一是固定资产比率较高企业并购后的绩效要好于固定资产比率较低的企业；可能的原因是：固定资产比率越高的企业意味着拥有的战略资源就越多，那么并购后能够转移到被并购方的战略资源就会越多，从而可以通过迅速改善目标公司的绩效来提升企业的整体绩效。因此，固定资产比率较高企业的绩效要好于固定资产比率较低企业的绩效。二是现金持有量的高低对并购的长期绩效没有显著影响；尽管高现金持有公司与低现金持有公司的绩效在并购后，都出现了不同程度的下滑，但是导致两者业绩下滑的深层次原因与机理是不同的，高现金持有公司的业绩下降可能与滥用自由现金流有关，而低现金持有公司业绩下滑的原因可能是由于资金短缺造成的，并购后第 3 年业绩的小幅度提升可能归因于并购后协同效应的实现以及整合取得的成效。最后，对跨区域并购企业与区域内并购企业的绩效进行了对比分析，得出了两个结论，一是无论是跨区域并购还是区域内的并购都没有显著地提高上市公司的绩效；二是与区域内并购企业相比，跨区域并购企业的短期绩效显著弱于区域内并购企业，长期绩效则要好于区域内并购企业，但统计上并不显著。

从资源流动的视角对我国并购企业的绩效进行实证分析

本章是从资源流动的视角来实证分析我国企业跨区域并购的长期绩效，一是交代了研究变量的选取依据以及衡量方法；二是根据研究问题建立了本书的多元线性回归模型；三是在控制了影响并购长期绩效的其他因素的条件下，检验了是否跨区域并购以及资源流动这两个解释变量对并购长期绩效的影响，并对其得到的结果进行了解释说明。

6.1 研究变量的选取与多元回归模型的建立

本节介绍了本书研究变量的选取及度量方法，并根据本书的研究问题建立了多元线性回归模型。

6.1.1　研究变量的选取与度量

1. 被解释变量

本书选取并购后各年的绩效以及并购前后绩效的差作为被解释变量，把经营净现金流量总资产收益率（NCFROA）作为并购绩效的代理指标，同时，为了消除行业经济景气的影响，用行业均值和行业中位数对经营净现金流量总资产收益率进行了调整。按行业均值调整后的经营净现金流量总资产收益率简称为 NCFROA1，按行业中位数调整后的经营净现金流量总资产收益率简称为 NCFROA2。NCFROA、NCFROA1 以及 NCFROA2 的计量方法见 5.1.2 中的内容。

因此，本书的被解释变量为：并购后的 NCFROA、NCFROA1（或者 NCFROA2）以及并购前后 NCFROA、NCFROA1（或者 NCFROA2）的差值。

2. 解释变量

本书的解释变量有三个，一是是否属于跨区域并购（Cross）；二是资源流动的代理指标 1——固定资产比率（Fixed Asset Ratio）；三是资源流动的代理指标 2——现金持有量（Cash/TA）。下面主要对解释变量的计量方法以及引入原由作以简要说明。

（1）是否跨区域并购。

本书是从资源流动的视角来研究跨区域并购企业的长期绩效，因此跨区域并购是否会对企业的长期绩效产生影响是本书关注的问题之一。从理论层面分析，相对于区域内并购而言，跨区域并购会引起资源要素在更大范围、更大程度上的流动，使得地域特定的稀缺资源要素突破了区域的限制，实现了在不同区域的不同企业间的优化配置，这有利于企业竞争优势的形成，对企业绩效的改善会起到正向的作用。然而，由于不同区域间存在较大的经济发展水平差异、文化差异、制度差异等的存在又使得资源的充分高效转移会受到影响和制约，并且对并购后企业的整合也会带来一定的不利影响，这又不利于企业绩效的改善。现实中，对跨区域并购进行的实证研究较少，且没有从资源流动的视角来研究跨区域并购企业的长期绩效。基于上述分析，本书将是否跨区域并购作为并购长期绩效的解释变量之一引入回归模型。

（2）资源流动的代理指标之一：固定资产比率。

资源理论将企业拥有的稀缺的、不可模仿、不可替代，且能在创造战略绩效过程中发挥重要作用的资源称为“战略性资源”。战略性资源的特征保证了企业满足顾客需要的能力，又保证了企业对资源在一定程度上的独占性。因此，战略性资源是形成企业持久竞争优势的基础。

实证研究中，德姆塞茨（1999）将固定资产总额与资产总额的比率作为战略资源流动性程度高低的替代变量。李青原（2005）指出，在激烈的市场竞争中，资产专用性越高的公司，拥有的战略资源越多，越易获得超额利润，他也用固定资产总额与资产总额的比率作为资产专用性程度高低的替代变量来考察企业资产专用性程度高低与并购绩效的关系。基于上述分析，本书将固定资产比率作为战略资源的代理指标，用来反映企业拥有的战略资源的数量，企业的固定资产比率等于企业的固定资产总额除以资产总额。

（3）资源流动的代理指标之二：现金持有量。

作为对战略资源的补充，本书选择了现金持有量作为流动资源的替代变量，用以反映企业拥有的流动资源的数量，现金持有量等于货币资金加上短期投资净额之和除以总资产。

3. 控制变量

本书将可能会影响并购绩效的因素均设为控制变量，控制变量主要有：收购企业的股权性质、第一大股东持股比例、是否属于相关行业并购、是否属于关联交易、并购公司的总资产规模、并购相对规模、并购公司并购前 1 年年末的营业收入增长率、并购公司并购前 1 年年末的资产负债率以及并购公司的多元化程度。下面将对这些控制变量的度量方法以及引入原由进行分析说明。

（1）收购公司的股权结构。

本部分将主要分析并购前收购方的股权性质以及第一大股东持股比例对并购绩效的影响。国内对决定控股股东行为因素的研究，提及最多的是国有产权因素，股权分置时期，我国特殊的历史环境导致流通股股东与非流通股股东之间存在严重的利益冲突，非流通大股东对中小股东的利益侵占现象严重。非流通股又可分为国家股和法人股，不同的股权性质，对并购绩效的影响也会不同。现有的关于股权性质对并购绩效影响的研究中，得出的研究结论差异较大。冯根福、吴林江（2001）以及李善民、朱滔（2005）均认为国有股权性质的上市公司短期的并购绩效要优于非国有股权性质的上市公司，但从较长时期来看二者之间没有显著差异，即政府干预型的并购活动不能从根本上解决企业的长远发展问题。而刘大志（2010）研究却发现：国有股权性质对公司并购绩效存在负向影响。

第一大股东持股比例是控股股东行为决定因素的另外一个侧重点，大股东控制会产生两种显著的效应：激励效应（Incentive Effect）和堑壕作用（Entrenchment Effect）（Shleifer & Vishny，1997；Dyck & Zingales，2004；Claessens et al.，2000），激励效应的产生是因为大宗股权所带来的决策权利与财富效应的搭配能够导致卓越的管理或监督，从而使大股东能分享到更多的公司收益；当然，大股东控制也存在明显的代理成本，主要体现在大股东对中小股东利益的侵害和掠夺，从而获得控制权私有收益，被称为“堑壕效应”，约翰逊等人（Johnson et al.，2000）则用“隧道行为”来描述资源从公司向大股东转移的现象。

因此，本书选择收购公司的股权结构，即收购公司的股权性质（Ucontrol），以及第一大股东持股比例（Conshare）作为并购绩效研究的控制变量。

（2）是否属于相关行业并购。

协同效应理论认为，企业进行相关行业的并购更容易获得协同效应，从而并购绩效要好于不相关行业并购。横向并购可以获得规模效应，纵向并购可以节省交易成本。同时，从事相关并购的企业熟悉对方行业的市场情况、技术和管理技能，能够减少并购后的整合时间和成本，降低失败风险，从而提高并购后企业的绩效。由于并购公司对被并购公司的行业情况较熟悉，在支付价格谈判和并购后绩效提高等方面较有把握。

在实证研究方面，现有的研究结论也不相一致。冯根福、吴林江（2001）得出：混合并购在并购后第 1 年的绩效较为显著；而横向并购绩效在并购后第 1 年并不显著，然后其绩效呈上升趋势，到并购后第 3 年，横向并购的绩效反而优于混合并购；纵向并购绩效明显不理想，尤其在并购第 2 年后呈快速下降趋势。方芳（2002）、吴育平（2002）以及刘志刚（2007）的研究结论大致相同，均认为横向并购可以在短期内使企业绩效小幅下降，但从长期来看会使企业获得规模效应，使得绩效提升；纵向并购由于可以节约交易成本，所以长期来看绩效是增加的，但由于整合需要的成本和时滞，短期内绩效会有所下降；混合并购大多是缺乏规划的快速扩张，所以绩效虽然短期有所增加，但长期来看会有大幅下降。

基于此，本书将是否属于相关行业并购（Type）作为本书研究的控制变量，并将横向并购与纵向并购统称为相关并购，将混合并购称为不相关并购。

（3）是否属于关联交易。

对于关联交易的研究，西方国家的代表性观点有两种，一是从交易成本角度出发研究关联交易，提出"业绩促进假说"，该假说认为上市公司间的关联交易可以将外部交易内部化，降低由于市场不完善引起的交易不确定性和风险，从而会提高运营效率（Khanna & Palepu，2000）。二是从大股东控制的角度，提出"利益冲突假说"，该假说认为随着公司所有权结构呈现出越来越集中的趋势，关联交易更多的成为了控股股东用来攫取私有利益和掠夺中小股东的工具（Dyck & Zingales，2004）。基于此，本书将是否属于关联交易（Relative）作为对并购长期绩效研究的控制变量。

（4）并购公司的总资产规模。

并购公司的总资产规模用并购前 1 年年末并购公司总资产的自然对数来表示。一般而言，规模较大的并购公司，一方面其并购行为会容易受到市场的关注，其“议价能力”较强，从而在收购价格上会获得一定的优势，对企业绩效可能会产生积极的影响；另一方面，规模较大的企业通常具有丰富的经营管理经验和良好的持续发展能力，在并购后借助于健全的内部管理与丰富的外部运营技巧和经验，相比于小规模的企业更容易成功整合双方资源，获得规模经济效应。刘锴（2009）认为并购公司的总资产规模对并购的短期绩效会产生积极的影响，因此，本书选择并购公司的总资产规模（LnSB）作为并购绩效研究的控制变量。

（5）并购相对规模。

并购相对规模表示为：并购交易总价/并购前 1 年年末总资产。并购的相关文献认为并购相对规模从一定程度上反映了并购事件的影响力，往往较大规模的并购活动会引起市场的重点关注，同时也能反映出公司的战略，从而影响到并购的绩效。朱滔（2006）以及刘锴（2009）均认为并购相对规模对并购的短期绩效会产生积极的影响。因此，本书选择并购相对规模（Amount）作为并购绩效研究的控制变量。

（6）公司成长性。

用并购公司并购前 1 年年末的营业收入增长率来表示公司的成长性。公司成长性从一个角度可以用来反映公司的投资机会，拥有更多投资成长机会的公司具有足够的投资灵活性，这些公司能够更好地使用公司内部资源，实施的并购计划可能是一个净现值为正的项目，可能会给公司并购绩效带来积极的影响，因此，本书选择并购前 1 年年末的营业收入增长率（Sales Grow Rate）来控制投资成长机会对企业绩效的影响。

（7）财务杠杆。

用并购前 1 年年末的资产负债率作为财务杠杆的代理指标来反映企业的偿债能力和财务风险，资产负债率 = 负债总额/资产总额。大量研究表明资本结构会影响公司的投资决策，并且财务杠杆大的企业意味着公司面临的财务风险较大，市场对不同财务风险下公司的并购行为会做出不同的反应，因此，本书选择资产负债率（Lev）来控制财务风险对并购绩效的影响。

（8）并购公司的多元化程度。

多元化与公司绩效的关系一直是公司财务学领域颇具争议的问题之一，争议的焦点在于：多元化是损害还是提高了公司的绩效？多元化相关理论研究认为，多元化对公司绩效有利有弊：有利之处在于实现范围经济、内部资本市场、共同保险和市场替代等效应，不利之处在于导致代理成本、内部资本市场的低效率等问题（Martin & Sayrak，2003）。对于公司的多元化程度与绩效之间的关系，国内学者进行了大量的实证研究，但得出的结论并不一致，主要有如下三种结论：一是多元化程度与公司绩效之间不存在显著的相关关系；如张宇（2002）以219家上市公司为样本对多元化程度和企业绩效、企业价值的关系进行了研究，发现多元化程度对绩效的影响不显著。张小红（2010）以2005~2007年沪深A股上市公司为样本，对多元化战略与公司绩效进行了实证研究，结果发现：上市公司多元化指标和公司绩效之间没有显著相关性。二是多元化程度与公司绩效之间存在显著地负相关关系；如沈红波（2007）以2004年深沪两市的696家非金融公司作为样本考察了中国上市公司多元化战略与其绩效的关系，研究发现多元化程度与公司绩效负相关。郭建平、张惠芳（2008）以及林晓辉（2009）也得出了多元化程度与公司绩效负相关的结论。三是多元化程度对企业绩效有正向影响；如俞国栋（2009）建立了我国上市公司多元化数据库，并通过控制成长机会变量来研究多元化与企业价值的关系，研究结果表明：我国上市公司存在显著多元化溢价现象。

基于此，本书选择并购公司并购前一年的多元化程度（Diversity）作为并购绩效研究的控制变量，本书的多元化程度的度量采用赫芬达尔指数（Herfindahl）来表示，具体计算方法如下：

$D = 1 - H = 1 - \sum_{i=1}^{n} P_i^2$，其中 n 表示在SIC编码两位数水平上企业生产的产品种类数，P 表示多元化企业第 i 个业务部门或行业销售额占企业总销售额的比重。

下面将本书的被解释变量、解释变量以及控制变量的定义和度量方法进行汇总，结果见表6－1，相关变量的描述性统计见表6－2。

表6－1　　　　研究变量的定义和度量

变量	名称	符号	度量
被解释变量	并购后绩效以及并购后与并购前绩效的差值	F	F(0)、F(1)、F(2)、F(3)、F(0)－F(－1)、F(1)－F(－1)、F(2)－F(－1)、F(3)－F(－1)
解释变量	是否跨区域并购	Cross	Cross＝1，表示跨区域并购；Cross＝0，表示同区域并购
	固定资产比率	Fixed Asset Ratio	并购公司并购前1年年末固定资产占总资产的比重
	现金持有量	Cash/TA	收购公司并购前1年年末的现金持有量，等于货币资金加短期投资净额之和除以资产总额
控制变量	公司规模	LnSB	并购前1年年末收购公司总资产的自然对数
	并购相对规模	Amount	交易金额/并购期初收购公司资产总额
	关联属性	Rel	如果并购双方属于关联交易时取值为1，否则为0
	股权性质	Ucontrol	当收购方的终极控制人为国有控制时，取值为1，否则为0
	是否属于相关并购	Type	当并购双方属于相关行业并购时，取值为1，否则为0
	第一大股东持股比例	Conshare	收购公司并购前1年年末第一大股东的持股比例
	营业收入增长率	Sales Grow Rate	Sales Grow Rate＝（并购前1年销售额－前两年销售额）/前两年销售额
	资产负债率	Lev	并购公司并购前1年年末的资产负债率，Lev＝并购前1年年末的负债总额/资产总额
	多元化程度	Diversity	$D=1-H=1-\sum_{i=1}^{n}P_i^2$，其中$H$为赫芬达而指数

表 6-2　　相关变量的描述性统计

	均值	标准差	最小值	最大值
Cross	0.4373	0.4971	0	1
Fixed Asset Ratio	0.3114	0.19	0.002	0.7774
Cash/TA	0.1746	0.1174	0.0087	0.7452
Ucontrol	0.5758	0.4953	0	1
Conshare	0.4103	0.1732	0	0.75
Type	0.7359	0.4418	0	1
Rela	0.5152	0.5009	0	1
Sales Grovo Rate	0.231	0.3353	-0.5617	1.7776
Lev	0.4905	0.1591	0.0126	0.8069
LnSB	21.34	1.01	19.1827	26.9782
Amount	0.0528	0.0684	0.0008	0.4571
Diversity	0.2829	0.2553	0	0.7748

6.1.2　多元回归模型的建立

1. 基本模型的介绍

多元线性回归模型是用来研究被解释变量受多个自变量的影响，假定被解释变量 Y 与多个解释变量 X_1，X_2，…，X_k之间具有线性关系，是自变量的多元线性函数。为了考察多个因素对收购公司并购绩效的影响，本书采用多元线性回归模型对上述多个影响因素进行分析。

多元线性回归基本模型为：

$$Y = \beta_0 + \beta_1 X_1 + \beta_2 X_2 + \cdots + \beta_k X_k + u$$

其中，Y 是被解释变量（因变量），X_j（$j=1$，2，…，k）是解释变量（自变量），β_j（$j=0$，1，2，…，k）为 $k+1$ 个未知参数，u 为随机误差项。

多元线性回归分析是根据观测样本数据估计模型中的各个参数，对估计参数及回归方程进行统计检验，从而利用回归模型进行经济预测和分析。多元线性回归模型包含多个自变量，它们同时对因变量 Y 发生作用，若要考察其中一个自变量对 Y 的影响就必须假设其他自变量保持不变来进行分析。因此多元线性回归模型中的回归系数为偏回归系数，即反映了当模型中的其他变量不变时，其中一个自变量对因变量 Y 的均值的影响。

多元线性回归模型有如下假定：

假定1：零均值假定：$E(u_i)=0$，$i=1, 2, \cdots, n$；

假定2：同方差假定（u 的方差为同一常数）；

假定3：无自相关性，即任意两个样本相关系数为0；

假定4：随机误差项 u 与自变量 X 不相关；

假定5：随机误差性 u 服从正态分布；

假定6：自变量之间不存在多重共线性。

2. 本书构建的多元线性回归模型

$$
\begin{aligned}
F = {} & \beta_0 + \beta_1 \text{Cross} + \beta_2 \text{Fixed Asset Ratio} + \beta_3 \text{Cash/TA} + \beta_4 \text{LnSB} \\
& + \beta_5 \text{Amount} + \beta_6 \text{Rel} + \beta_7 \text{Ucontrol} + \beta_8 \text{Type} + \beta_9 \text{Conshare} \\
& + \beta_{10} \text{GrowRate} + \beta_{11} \text{Lev} + \beta_{12} \text{Diversity} + u
\end{aligned}
$$

其中，β_0，β_1，β_2，$\cdots$，β_{12}分别为模型的回归系数，因变量、自变量的含义及符号名称见表6-1。

6.2　实证检验与结果分析

本节将对上述建立的多元线性回归模型进行实证分析，并对其实证结果进行解释说明。

6.2.1 实证检验过程

本书选择 SPSS 16.0 软件对模型进行估计，在模型的估计过程中，采用逐步回归法对变量进行筛选，该方法的基本思想是“有进有出”。具体做法是将变量一个一个引入，引入变量的条件是其偏回归平方和经检验是显著的，每引入一个变量后，对已选入的变量要进行逐个检验，当原引入的变量由于后面变量的引入而变得不再显著时，就将其删除。引入一个变量或从回归方程中剔除一个变量，为逐步回归的一步，每一步都要进行 F 检验，以确保每次引入新的变量之前回归方程中只包含显著的变量。这个过程反复进行，直到既无显著的自变量选入回归方程，也无不显著自变量从回归方程中剔除为止。

本书以经营现金净流量总资产收益率（NCFROA）、按行业均值调整后的经营现金净流量总资产收益率（NCFROA1），以及按行业中位数调整后的经营现金净流量总资产收益率（NCFROA2）作为并购绩效的代理指标。首先把表6－1的全部变量作为自变量，分别以并购前后各期绩效或其变动值作为因变量进行回归，采用使 F 值增大的原则逐步剔除不显著变量，再从整体回归 F 检验显著的回归方程中，选出经调整的 R^2 最大的回归方程，作为某因变量的最终回归方程，结果列于下表中（F 统计量不显著的方程本书不列示）。在回归分析之前，先对相关变量进行了相关性分析，结果见表6－3，最终回归方程独立变量的 VIF（方差膨胀因子）都远小于10，可以认为不存在多重共线性问题。模型的回归结果见表6－4到表6－6。

表6-3　　研究变量相关系数

	Cross	Fixed Rate	Cash/TA	Ucontrol	Conshare	Type	Rela	Salera	Lev	LnSB	Amount	Diversity
Cross	1											
Fixed Asset Ratio	-0.091	1										
Cash/TA	0.017	-0.417 ***	1									
Ucontrol	-0.144 **	0.239 ***	-0.087	1								
Conshare	-0.032	0.098	0.083	0.395 ***	1							
Type	0.092	0.064	0.028	0.201 ***	0.145 **	1						
Rela	-0.105	0.095	-0.081	-0.027	-0.096	-0.11 *	1					
Sales Grow Rate	0.148 **	0.073	-0.002	-0.045	0.000	0.127 *	-0.038	1				
Lev	0.04	-0.046	-0.359 ***	-0.117 *	-0.162 **	-0.02	0.035	0.043	1			
LnSB	0.06	0.217 ***	-0.236 ***	0.138 **	0.037	0.118 *	0.184 ***	0.035	0.306 ***	1		
Amount	-0.006	0.095	0.121 *	-0.088	0.006	-0.045	-0.041	-0.011	-0.258 *	-0.238 ***	1	
Diversity	-0.147 **	-0.03	-0.029	0.028	-0.066	-0.254 ***	0.08	-0.121 *	-0.078	-0.073	0.033	1

注：表格中数据为 Pearson 检验结果，*、**、*** 表示0.10、0.05和0.01统计显著水平（双尾检验）。

表 6-4　以 NCFROA 作为绩效代理指标的回归结果

	F(0)	F(1)	F(2)	F(3)	F(0) - F(-1)	F(1) - F(-1)	F(2) - F(-1)	F(3) - F(-1)
Constant	0.054*** (3.014)	0.022** (2.245)	0.007 (0.258)	0.044* (1.936)	0.007 (0.943)	0.068*** (3.969)	0.013 (1.235)	
Cross		-0.118* (-1.78)				-0.036** (-2.548)	-0.108* (-1.628)	
Fixed Asset Ratio	0.116* (1.748)	0.104*** (3.894)	0.179*** (5.839)	0.084*** (3.117)				
Cash/TA						-0.12** (-2.006)		
Ucontrol						-0.041** (-2.28)	-0.029** (-2.004)	
Conshare								
Type						0.112* (1.689)		
Rela								
Sales Grow Rate	0.116* (1.759)		0.001** (2.066)					
Lev			-0.086** (-2.423)	-0.088** (-2.452)			-0.12* (-1.81)	

续表

	F(0)	F(1)	F(2)	F(3)	F(0) - F(-1)	F(1) - F(-1)	F(2) - F(-1)	F(3) - F(-1)
LnSB								
Amount	0.119** (1.8)							
Diversity		-0.113* (-1.71)		-0.049** (-2.428)				
$AdjR^2$	0.103	0.078	0.173	0.082	0.072	0.055	0.053	
F	14.16***	15.16***	12.9***	7.83**	5.27**	5.43***	4.02***	
D - W	1.711	1.742	1.03	1.792	1.982	1.868	1.976	

注：表格中数据为 Pearson 检验结果、*、**、*** 表示 0.10、0.05 和 0.01 统计量著水平（双尾检验）。

表 6-5　　以 NCFROA1 作为绩效代理指标的回归结果

	F(0)	F(1)	F(2)	F(3)	F(0) - F(-1)	F(1) - F(-1)	F(2) - F(-1)	F(3) - F(-1)
Constant	-0.005 (0.656)	-0.016 (-0.889)	-0.053** (-2.691)	-0.026** (-2.155)			-0.018 (-0.861)	-0.028 (-1.581)
Cross		-0.04*** (-3.498)						
Fixed Asset Ratio	0.077** (2.362)	0.126* (1.779)	0.109*** (3.105)	0.136* (1.705)				

续表

	F(0)	F(1)	F(2)	F(3)	F(0) - F(-1)	F(1) - F(-1)	F(2) - F(-1)	F(3) - F(-1)
Cash/TA								
Ucontrol							-0.046** (-2.409)	
Conshare								
Type				0.033** (2.362)			0.053** (2.447)	0.052** (2.514)
Rela				-0.154* (-1.939)				
Sales Grow Rate	0.148* (1.861)		0.001** (2.365)					
Lev								
LnSB								
Amount	0.158* (1.863)							
Diversity		-0.047** (-1.975)						
$AdjR^2$	0.056	0.07	0.078	0.065			0.071	0.063
F	5.697**	6.907**	6.818**	5.58**			4.983**	6.319**
D - W	1.748	1.925	1.969	2.012			1.924	1.774

注：表格中数据为 Pearson 检验结果、*、**、*** 表示 0.10、0.05 和 0.01 统计量著水平（双尾检验）。

表6－6　　以 NCFROA2 作为绩效代理指标的回归结果

	F(0)	F(1)	F(2)	F(3)	F(0) - F(-1)	F(1) - F(-1)	F(2) - F(-1)	F(3) - F(-1)
Constant	0.037*** (3.625)	-0.021 (-1.257)	-0.009 (-0.566)	0.005 (0.187)	0.03*** (3.235)		0.005 (0.251)	
Cross		-0.04*** (-3.201)	-0.052** (-2.315)					
Fixed Asset Ratio	0.07** (2.129)	0.083** (2.184)		0.14* (1.758)				
Cash/TA					-0.151* (-1.783)			
Ucontrol					-0.145* (-1.826)			
Conshare								
Type								
Rela		0.155* (1.95)	0.134* (1.682)					
Sales Grow Rate	0.001** (2.191)							

续表

	F(0)	F(1)	F(2)	F(3)	F(0) - F(-1)	F(1) - F(-1)	F(2) - F(-1)	F(3) - F(-1)
Lev			0.139* (-1.742)	-0.094** (-2.36)				
LnSB								
Amount	0.148* (1.755)			0.248** (2.089)				
Diversity		-0.053** (-2.301)		-0.06*** (-2.719)				
$AdjR^2$	0.053	0.065	0.062	0.057	0.054		0.067	
F	4.534**	5.294**	5.359**	5.755**	4.363**		10.88***	
D - W	1.769	1.911	1.88	1.863	1.847		2.121	

注：上述回归模型中绩效的代理指标为经营现金净流量总资产收益率（NCFROA）、按行业均值调整后的经营净现金流量总资产收益率（NCFROA1）以及按行业中位数调整后的经营净现金流量总资产收益率（NCFROA2），模型的因变量为并购当年的绩效 F(0)、并购后第 1 年的绩效 F(1)、并购后第 2 年的绩效 F(2)、并购后第 3 年的绩效 F(3) 以及并购当年与并购前 1 年的绩效差值 F(0) - F(-1)、并购后第 1 年与并购前 1 年绩效的差值F(1) - F(-1)、并购后第 2 年与并购前 1 年绩效的差值 F(2) - F(-1)、并购后第 3 年与并购前 1 年绩效的差值 F(3) - F(-1)；***、**、* 分别表示在 1%、5%、10% 的统计显著水平；括号内为 t 统计量。

6.2.2　实证结果解析

由表6－4到表6－6的回归结果可以看出，尽管所有回归方程的整体F检验都显著，但是经调整的R^2最高为0.173，最低的为0.053，可见单个方程中，自变量对因变量的解释力比较差。也就是说大体上，很难同时以本研究选用的变量来解释上市公司并购绩效。由于本研究的回归分析采用了F值和经调整R^2最大化的原则来选取最终的回归方程和进入回归方程的自变量，所以各回归方程的自变量不完全相同，而且不能较全面地评价某个因素对并购绩效的影响。但从显著的自变量尤其在多个回归方程中都出现的自变量来看，还是可以说明各个自变量对并购绩效的影响。下面将自变量影响显著的变量进行统计，如表6－7所示。

表6－7　　并购绩效影响因素的正负统计

	F(0)	F(1)	F(2)	F(3)	F(0)－F(－1)	F(1)－F(－1)	F(2)－F(－1)	F(3)－F(－1)
Cross		－	－				－	
Fixed Asset Ratio	+	+	+	+				
Cash/TA					－	－		
Ucontrol						－	－	
Conshare								
Type				+		+	+	+
Rela		+	+	－				
Sales Grow Rate	+		+					
Lev			－	－			－	
LnSB								
Amount	+			+				
Diversity		－		－				

由表6－7可以得出如下结论：是否属于跨区域并购对并购后第1年和第2年的绩效有显著的负向影响，在其他时间段内，是否跨区域并购对

并购绩效没有显著影响。固定资产比率对并购当年以及并购后3年的绩效均有显著地正向影响，即固定资产比率较高的收购公司在并购后的绩效要显著地好于固定资产比率较低的收购公司。现金持有量对并购的短期绩效有显著的负向影响，对并购的长期绩效影响不显著。国有股权性质对并购当年以及并购后第1年的绩效有显著的负向影响，对其他年度的绩效没有显著影响。相关行业并购对并购后第1年、第2年以及第3年的绩效均有显著的正向影响。关联企业之间的并购对并购后第1年和第2年的绩效有显著的正向影响，对并购后第3年的绩效则有显著的负向影响。营业收入增长率对并购当年以及并购后第2年的绩效有显著的正向影响，即并购前营业收入增长率高的收购公司在并购当年以及并购后第2年的绩效明显地好于并购前营业收入增长率低的收购公司。资产负债率对并购后第2年以及并购后第3年的绩效有显著的负向影响，即具有高资产负债率的收购公司在并购后的长期绩效要差于具有较低资产负债率的收购公司。并购相对规模对并购当年以及并购后第3年的绩效有显著的正向影响。多元化程度对并购后第1年以及第3年的绩效均有显著的负向影响。而第一大股东持股比例以及收购企业的资产规模对并购绩效均没有显著地影响。

究其原因：（1）跨区域并购企业的短期并购绩效显著地差于区域内并购企业，长期内二者没有显著差异。可能的原因有两点，一是相对于区域内并购企业而言，跨区域并购企业由于空间距离的增大，导致资源转移的难度进一步增加，不能实现资源在更大范围内流动的预期，进而不利于并购后业绩的提升；二是跨区域并购的企业间由于地区文化的差异以及沟通难度较大，导致并购后的整合难度较大，进而使得并购后短期内绩效更差。但随着研究期间的拉长，短期内可能会对跨区域并购造成不利的影响因素，随着双方企业之间的进一步沟通以及并购后整合的推进，变得不再重要，因此长期内二者对并购绩效的影响不存在显著差异。（2）固定资产比率对并购后绩效有显著的正向影响。原因在于：固定资产比率较高的企业拥有的战略资源较多，而战略资源是形成企业竞争优势的基础，那么，具有较多战略资源的企业在并购后转移到被收购方的战略资源会相对多一些，进而会提升被并购方的企业绩效，收购方企业的绩效也会随之提高。（3）现金持有量对并购后短期绩效有显著的负向影响。可能的原因是现金持有量较高的公司存在滥用自由现金流量的可能，高的现金持有量也会使企业丧失很多好的投资机会，增加了企业持有现金的成本，因此不利于企业绩效的提升。（4）具有国有股权性质的收购公司短期内的绩效好于非国有公司，长期内的绩效差于非国有公司。原因在于：国有股权性质的收购公司相对于非国有股权性质的收购公司而言，可能获得更低的收购价格、更便捷的收购过程以及更多的优惠政策，短期内有利于改善并购绩效；但由于国有股东除了追求盈利能力的提升之外，更多的是基于政治目标的考虑，致使其违背了企业价值最大化的目标，不利于企业绩效的提升，还有就是国有企业的内部人控制导致的代理问题的存在也不利于企业长期绩效的改善。（5）相关行业之间的并购绩效好于非相关行业的原因有两点，一是进行相关行业并购的企业更容易获得协同效应，横向并购可以获得规模效应，纵向并购可以节省交易成本；二是从事相关并购的收购方企业较熟悉被收购方企业的情况，因而在价格支付上会较有把握，并且能够减少并购后的整合时间，降低并购后的整合成本和整合风险，进而可以提高并购后的绩效。（6）关联企业之间的短期并购绩效好于非关联企业，长期并购绩效差于非关联企业的原因在于：由于上市公司间的关联交易可以实现外部交易内部化，并且能降低由于市场不完善引起的交易不确定性和风险，进而实现企业绩效短期内的提升；但是由于控股股东进行关联并购行为背后的动机不同，较强的投机性动机会对企业的长期价值造成损害。（7）营业收入增长率对并购当年以及并购后第 2 年的绩效有显著的正向影响。营业收入增长率作为公司成长性的代理指标，意味着该指标越大，公司的成长性越好，公司成长性从一个角度可以用来反映公司的投资机会，拥有更多投资成长机会的公司具有足够的投资灵活性，这些公司能够更好地使用公司内部资源，实施的并购计划可能是一个净现值为正的项目，因此会给公司并购绩效带来积极的影响。（8）资产负债率对并购后第 2 年以及并购后第 3 年的绩效有显著的负向影响。说明在其他因素的影响不变的条件下，财务杠杆较大的公司，面临的财务风险较大，并购后的绩效会更差。(9）并购相对规模对并购绩效有显著的正向影响。这可能是由于较大规模的收购使得企业容易实现规模经济效应和市场势力的扩张，因此对并购后的绩效会有正向影响。(10）多元化程度较高企业并购后的绩效显著差于多元化程度较低企业。原因在于：多元化经营企业增加了控制成本，容易引起过度投资，同时代理问题的存在也会导致多元化损害公司的绩效。(11）从理论分析表明可能会对并购绩效产生影响的因素，如第一大股东持股比例以及收购企业的资产规模，在当前样本数据条件下却是不显著的。具体是什么原因造成的，还需要收集更多的样本进行更深入的研究。

下面将本书所提出的假设及其回归的检验结果进行总结，结果如表6－8所示。

表6－8　　本书的研究假设及检验结果

研究假设	假设的含义	实证结果
H1	跨区域并购会提升企业的长期绩效	不支持
H2	与区域内并购企业相比，跨区域并购企业的长期绩效会更好	不支持
H3	固定资产比率较高的公司并购后的绩效会更好	支持
H4	现金持有量较高的公司并购后的绩效会更好	不支持

6.3　本章小结

本章首先介绍了本书被解释变量、解释变量以及控制变量的选取和度量标准，并对其引入缘由进行了简要的阐述和说明。然后，根据本书的研究问题，建立了多元线性回归模型，运用SPSS 16.0软件，对该多元线性回归模型进行了回归分析，并得到了如下结论：(1）是否跨区域并购只对并购的短期绩效有负向影响，对并购的长期绩效没有显著影响，即跨区域并购企业的短期绩效差于区域内并购企业，长期内二者没有显著差异。（2）固定资产比率较高的公司并购后的长期绩效会更好。（3）现金持有量较高的公司并购的短期绩效要差于现金持有量较低的公司，在长期内二者差异不显著。（4）具有国有股权性质的收购公司短期内的绩效好于非国有公司，长期内的绩效差于非国有公司。（5）相关行业企业之间并购的绩效要好于不相关行业企业并购的绩效。（6）关联交易企业并购绩效，短期内要好于非关联交易，长期内则要差于非关联交易。（7）并购相对规模对并购后绩效有显著的正向影响。（8）成长性较好的公司，并购后的绩效会更好。（9）财务杠杆较大的公司，面临的财务风险较大，并购后的绩效会更差。（10）多元化程度对企业并购绩效有显著的负向影响。（11）第一大股东持股比例以及收购企业的资产规模对并购绩效没有显著的影响。最后，对实证分析所得出的研究结论进行了解释说明。

研究结论与展望

7.1 研究结论

本书站在收购企业的立场，以2004～2006年发生的231起并购事件作为研究样本（其中跨区域并购事件101起，区域内并购事件130起），研究了中国企业跨区域并购、资源流动与长期绩效之间的关系。以交易成本理论、资源基础理论、组织学习理论以及协同效应假说作为理论基础，阐述了跨区域并购引起资源要素流动以及资源要素流动改变企业长期绩效的机理。实证分析了跨区域并购企业的长期绩效，并且按照收购企业固定资产比率的高低以及现金持有量的高低对跨区域并购企业进行了分类研究，同时，还对跨区域并购企业与区域内并购企业进行了对比分析。最后，通过构建多元线性回归模型，在控制了影响并购长期绩效的其他因素的条件下，检验了是否跨区域并购以及资源流动这两个解释变量对并购长期绩效的影响，并对其得到的结果进行了解释说明。具体有如下几点：

（1）并购是企业进行外部扩张，寻找适度规模边界的重要手段，也是存量资产在企业间重新配置和生产要素在不同企业之间的重新组合。并购是实现资源流动的一种重要方式。跨区域并购与区域内并购相比，会引起资源在更大范围的流动并且在更大程度上实现了企业之间的资源互补，这不仅有利于区域之间的均衡发展，也会提升并购企业的绩效水平。然而，由于区域之间可能存在较大的文化距离、制度距离以及技术距离，这又会对资源的流动产生一定的不利影响。并购会引起资源在企业间的双向流动，收购企业与被收购企业具有双重身份，既是资源的接收方也是资源的发送方。因此，对于收购企业与被收购企业而言，吸收能力与释放能力对他们都是至关重要的。除了吸收能力与释放能力之外，资源自身的属性（复杂性、专用性、兼容性以及互补性）以及收购企业与被收购企业之间的距离（空间距离、文化距离、制度距离、技术距离以及地位距离）也是影响资源转移效率的重要因素。因此，能否实现资源在双方企业间的充分转移是上述影响因素共同作用的结果。

（2）在资源基础观的理论框架下，并购的动因可以归纳为：获取促使企业发展壮大的互补性资源，获取专业化的知识以及新的技术，获取与企业发展相关的能力。并购为获取与企业发展所需的互补性资源、专业化知识和核心能力提供了可能，为潜在价值的创造提供了可能。并购是企业内外部资源融合的过程，是企业提升市场竞争力的重要途径，其竞争力的根源在于资源共享和整合所创造的协同效应。而协同效应并不是并购交易的必然结果，必须对并购后的企业资源进行有效整合，才可能实现预期的协同效应。本书按照整合动力—整合过程—整合内容—整合业绩—财务绩效这一逻辑主线阐述了并购整合的价值创造机理。

（3）运用单因素方差分析法对我国跨区域并购企业的长期绩效进行了实证分析，得出了如下结论：我国跨区域并购企业并购后第三年与并购前一年相比，调整前的绩效较并购前一年绩效的均值增加了（0.0159），按行业均值调整后的绩效较并购前 1 年绩效的均值下降了（0.0043），按行业中位数调整后的绩效较并购前 1 年绩效的均值上升了（0.001），但统计上均不显著。即从整体上看，我国企业跨区域并购绩效呈现先下降后上升的趋势，但从并购后第 3 年企业的并购绩效与并购前 1 年相比的结果来看，说明跨区域并购并没有实质性地提高企业的绩效。

（4）按照收购企业固定资产比率的高低以及现金持有量高低的分类标准对跨区域并购样本进行了分类检验。得出了如下结论：固定资产比率较高企业并购后的绩效要好于固定资产比率较低的企业；现金持有量的高低对并购的长期绩效没有显著影响。

（5）通过对跨区域并购企业与区域内并购企业的绩效进行对比分析，得出了两个结论，一是无论是跨区域并购还是区域内的并购都没有实质性提高上市公司的绩效；二是与区域内并购企业相比，跨区域并购企业的短期绩效显著差于区域内并购企业；长期绩效则要好于区域内并购企业，但统计上并不显著。

（6）依据本书的研究问题，建立了多元线性回归模型，运用 SPSS 16.0 软件，对该多元线性回归模型进行了回归分析，并得到了如下结论：① 跨区域并购企业的短期绩效要显著地差于区域内并购的企业，长期内两者没有显著差异。可能的原因有两点，一是相对于区域内并购企业而言，跨区域并购企业由于空间距离的增大，导致资源转移的难度进一步增加，不能实现资源在更大范围内流动的预期，进而不利于并购后业绩的提升；二是跨区域并购的企业间由于地区文化的差异以及沟通难度较大，导致并购后的整合难度较大，进而使得并购后短期内绩效更差。但随着研究期间的拉长，短期内可能会对跨区域并购造成不利的影响因素，随着双方企业之间的进一步沟通以及并购后整合的推进，变得不再重要，因此长期内两者对并购绩效的影响不存在显著差异。② 固定资产比率对并购后绩效有显著的正向影响。固定资产比率较高的企业具有较多的战略资源，而战略资源是形成企业竞争优势的基础，那么，具有较多战略资源的企业在并购后转移到被收购方的战略资源会相对多一些，进而会提升被并购方的企业绩效，收购方企业的绩效也会随之提高。③ 现金持有量对并购后短期绩效有显著的负向影响。可能的原因是现金持有量较高的公司存在滥用自由现金流量的可能，高的现金持有量会使企业丧失很多好的投资机会，增加了企业持有现金的成本，因此不利于企业绩效的提升。④ 国有股权性质的收购公司并购后的短期绩效好于非国有公司，长期绩效则差于非国有公司。原因在于：国有股权性质的收购公司相对于非国有股权性质的收购公司而言，可能获得更低的收购价格、更便捷的收购过程以及更多的优惠政策，短期内有利于改善并购绩效；但由于国有股东除了追求盈利能力的提升之外，更多的是基于政治目标的考虑，致使其违背了企业价值最大化的目标，不利于企业绩效的提升。还有就是国有企业的内部人控制导致的代理问题的存在也不利于企业长期绩效的改善。⑤ 相关行业之间的并购绩效好于不相关行业。原因有两点，一是进行相关行业并购的企业更容易获得协同效应，横向并购可以获得规模效应，纵向并购可以节省交易成本；二是从事相关并购的收购方企业较熟悉被收购方企业的情况，因而在价格支付上会较有把握，并且能够减少并购后的整合时间，降低并购后的整合成本和整合风险，进而可以提高并购后的绩效。⑥ 关联企业之间的并购，短期绩效好于非关联企业，长期绩效则差于非关联企业。原因在于：由于上市公司间的关联交易可以实现外部交易内部化，并且能降低由于市场不完善引起的交易不确定性和风险，进而实现企业绩效短期内的提升；但是由于控股股东进行关联并购行为背后的动机不同，较强的投机性动机会对企业的长期价值造成损害。⑦ 营业收入增长率对并购绩效有显著的正向影响。营业收入增长率作为公司成长性的代理指标，意味着该指标越大，公司的成长性越好，公司成长性从一个角度可以用来反映公司的投资机会，拥有更多投资成长机会的公司具有足够的投资灵活性，这些公司能够更好地使用公司内部资源，实施的并购计划可能是一个净现值为正的项目，因此会给公司并购绩效带来积极的影响。⑧ 资产负债率对并购绩效有显著的负向影响。说明在其他因素的影响不变的条件下，财务杠杆较大的公司，面临的财务风险较大，并购后的绩效会更差。⑨并购相对规模对并购绩效有显著的正向影响。这可能是由于较大规模的收购使得企业容易实现规模经济效应和市场势力的扩张，因此对并购后的绩效会有正向影响。⑩ 多元化程度较高企业并购后的绩效显著差于多元化程度较低企业。原因在于：多元化经营企业增加了控制成本，容易引起过度投资，同时代理问题的存在也是导致多元化损害公司绩效的主要原因之一。

7.2 研究局限性

本书的研究存在如下几个方面的局限性：

（1）在实证研究中，由于受到数据来源的限制和时间方面的原因，本书选择了 2004 ~ 2006 年发生的 231 起并购事件（其中跨区域并购事件 101 起，区域内并购事件 130 起）作为本书的研究样本，没有以更大的样本检验本书所提出的各种研究假设；同时本书是立足于收购方的角度，研究了收购方企业并购后的长期绩效，没有涉足目标方企业的绩效问题，因为绝大部分的目标公司属于非上市公司，有关目标公司的财务数据和相关信息不易获取。

（2）本书所进行的实证研究是基于大样本展开的，没能在大样本研究的基础上，进行典型案例的深入调研和分析，因此研究的结论只是表现出市场的一个总体情况，而进行典型案例分析往往能够为我们提供更加深入和细致的分析，从而可能会获得更有实践意义的研究结论。

（3）在资源流动代理指标的选取上，本书选择了固定资产比率和现金持有量作为资源流动的代理指标，用固定资产比率来衡量企业拥有的战略资源的多寡，用现金持有量来衡量企业拥有的流动资源的多少，指标的计量准确性与全面性有待商榷。同时，由于我国上市公司并购的信息披露有限以及对能力与知识进行计量的困难，实证研究并未检验能力和知识的流动对并购绩效的影响。

（4）本书只对跨区域并购企业的微观企业绩效进行了研究，没有从资源流动的层面对跨区域并购企业的宏观社会效益和区域经济效益展开研究。

7.3　研究展望

鉴于本书的研究不足和局限性，今后对该课题应加强如下几个方面的研究：

（1）选取几个有代表性的跨区域并购事件进行案例研究，从资源流动层面深入分析跨区域并购对企业绩效的影响；并且再按照同样的选取标准，选择几个同区域并购事件作为对比样本，分析跨区域并购企业与同区域并购企业在长期绩效上的差异。

（2）对跨区域并购产生的宏观社会效应以及对区域经济产生的影响进行研究。从产业的层面深入分析跨区域并购与区域经济发展之间的关系，为政府的政策制定提供参考依据。

（3）从并购动机的角度深入分析跨区域并购企业的绩效，特别是根据获取资源动机的不同，检验不同的资源获取动机下，企业并购绩效的差异。

参考文献

[1] 白井文．要素流动规律与西部地区的要素集聚［J］．南方经济，2001（1）：53－56.

[2] 陈计旺．企业跨地区投资、兼并与区域经济协调发展［J］．生产力研究，2000（4）：66－68.

[3] 陈健，席酉民等．国外并购绩效评价方法研究综述［J］．当代经济科学，2005（3）：85－92.

[4] 陈健，席酉民等．并购后高管变更的绩效影响：基于中国上市公司的实证分析［J］．南开管理评论，2006（9）：33－37.

[5] 陈昆玉．中国上市公司并购绩效实证研究综述［J］．云南财经大学学报，2006（5）：15－19.

[6] 陈良文，杨开忠．我国区域经济差异变动的原因：一个要素流动和集聚经济的视角［J］．当代经济科学，2007（29）：35－42.

[7] 陈晓，王琨．关联交易、公司治理与国有股改革——来自我国资本市场的实证证据［J］．经济研究，2005（4）：77－86.

[8] 陈小悦，徐晓东．股权结构、企业绩效和投资者利益保护［J］．经济研究，2001（11）：3－11.

[9] 陈信元，原红旗．上市公司兼并重组财务会计问题研究［J］．经济研究，1998（10）：1－9.

[10] 陈信元，张田余．资产重组的市场反应——1997年沪市资产重组实证分析［J］．经济研究，1999（9）：47－55.

[11] 陈信元，黄俊．政府干预、多元化经营与公司业绩［J］．管理世界，2007（1）：92－97.

[12] 成升魁，闵庆文等．从静态的断面分析到动态的过程评价——兼论资源流动的研究内容与方法［J］．自然资源学报，2005（20）：407－414.

[13] 董瑜，谢高地．资源场理论及其在资源流动中的应用［J］．地理科学，2001（21）：407－411.

[14] 杜兴强，聂志萍．中国上市公司并购的短期财富效应实证研究［J］．证券市场导报，2007（1）：29－38.

[15] 范从来，袁静．成长性、成熟性和衰退性产业上市公司并购绩效的实证分析［J］．中国工业经济，2002（8）：65－72.

[16] 方芳、闫晓彤，中国上市公司并购绩效与思考［J］．经济理论与经济管理，2002（8）：43－48.

[17] 方军雄．市场分割与资源配置效率的损害——来自企业并购的数据［J］．财经研究，2009（35）：36－47.

[18] 冯根福，吴林江．我国上市公司并购绩效的实证研究［J］．经济研究，2001（2）：4－11.

[19] 关玉红．动态联盟的资源流动及价值［J］．商业研究，2005（10）：24－25.

[20] 郭炜．企业并购绩效评价的会计指标法研究综述［J］．武汉理工大学学报，2005（4）：284－287.

[21] 胡杰武，张秋生．并购背景下企业资源的分类与转移［J］．中国软科学，2007（2）：109－117.

[22] 黄侦．本土零售企业跨区域并购的文化整合研究［D］．贵州大学学

位论文，2006.

[23] 贾昌杰．企业并购经历对并购业绩的影响［J］．数量经济技术经济研究，2003（12）：133－136.

[24] 姜毅．中国上市公司并购绩效实证研究述评［J］．价值工程，2009（11）：146－149.

[25] 赖步连等．异质波动与并购绩效——基于中国上市公司的实证研究［J］．金融研究，2006（12）：126－139.

[26] 雷玉琼，徐刚．社会网络作为资源流动渠道的理论建构［J］．学术交流，2010（1）：123－126.

[27] 李鹏非．我国钢铁企业跨区域并购重组的博弈分析［J］．商业时代，2009（12）：107－108.

[28] 李青原．公司并购悖论的研究回顾与评述［J］．证券市场导报，2007（1）：45－55.

[29] 李青原，王永海．资产专用性、资产一体化与公司并购绩效的实证研究［J］．经济评论，2007（2）：90－95.

[30] 李群．资源流动视角下区域持续竞争优势研究［J］．山东大学学报，2005（5）：76－83.

[31] 李善民，陈玉罡．上市公司收购与兼并的财富效应［J］．经济研究，2002（9）：32－41.

[32] 李善民，王彩萍等．中国上市公司资产重组长期绩效研究［J］．管理世界，2004（9）：131－136.

[33] 李善民，曾昭灶等．上市公司并购绩效及其影响因素研究［J］．世界经济，2004（9）：60－67.

[34] 李善民，郑南磊．目标公司规模与并购绩效——青岛啤酒、燕京啤酒产业整合策略比较研究［J］．证券市场导报，2008（1）：47－55.

[35] 李善民，朱滔．中国上市公司并购的长期绩效［J］．中山大学学报，2005（5）：80－86.

[36] 李善民，刘永新．并购整合对公司并购公司绩效的影响——基于中

国液化气行业的研究 [J]. 南开管理评论，2010 (13)：154－160.

[37] 李世新，张雪艳. 现金持有对公司价值影响研究概述 [J]. 财会月刊，2010 (3)：70－71.

[38] 李小平，陈勇. 劳动力流动、资本转移和生产率增长 [J]. 工业经济，2007 (10)：53－59.

[39] 李增泉. 掏空、支持与并购重组——来自我国上市公司的经验数据 [J]. 经济研究，2005 (1)：95－105.

[40] 李志刚，陈守东等. 我国上市公司并购绩效分析 [J]. 税务与经济，2008 (5)：23－27.

[41] 林晓辉，吴世农. 股权结构、多元化与公司绩效关系的实证研究 [J]. 证券市场导报，2008 (1)：56－63.

[42] 刘春成等. 基于资源靶向性的区域优势发展理论初探 [J]. 中国科技论坛，2003 (4)：86－89.

[43] 刘大志. 股权结构对并购绩效的影响——基于中国上市公司实证分析 [J]. 财务与金融，2010 (3)：17－23.

[44] 刘锴. 并购交易特征、股权结构与市场绩效研究——基于后股权分置时代上市公司的经验数据 [D]. 暨南大学学位论文，2009.

[45] 刘平. 国外企业并购绩效理论及实证研究述评 [J]. 外国经济与管理，2003 (7)：28－33.

[46] 刘志强. 上市公司并购绩效及其影响因素的实证研究 [D]. 吉林大学学位论文，2007.

[47] 罗翠华，企业跨地区并购与区域经济协调发展 [J]. 科技进步与对策，2004 (8)：83－85.

[48] 罗辉道，项保华. 资源概念与分类研究 [J]. 科研管理，2005 (26)：99－104.

[49] 罗绮，许俏晖. 大股东控制影响公司现金持有量的实证分析 [J]. 统计研究，2009 (26)：93－99.

[50] 聂锐，高伟. 区际生产要素流动的网络模型研究 [J]. 财经研究，

2008 (34): 87 -97.

[51] 潘红波，余明桂．基于实证分析的跨区域并购公司治理效应研究 [J]．江西社会科学，2009 (10): 194 -199.

[52] 彭桃英，周伟．中国上市公司高额现金持有动因研究 [J]．会计研究，2006 (5): 42 -49.

[53] 齐中英，苏树林．区域发展要素资源流动与可持续发展机制 [J]．数量经济技术经济研究，2001 (10): 16 -19.

[54] 沈镭．资源流研究的理论与方法探析 [J]．资源科学，2006 (3): 9 -16.

[55] 司增绰．资源获取动机下的企业兼并理论 [J]．山西财政税务专科学校学报，2007 (9): 23 -26.

[56] 宋希亮，张秋生等．我国上市公司换股并购绩效的实证研究 [J]．中国工业经济，2008 (7): 111 -120.

[57] 王宏利，企业并购绩效研究方法的分类探讨 [J]．当代经济科学，2005 (1): 70 -75.

[58] 王满四等．东西合作中要素西进的经济效应与政策机制 [J]．中国软科学，2001 (7): 104 -107.

[59] 王玉国，曾维梁．基于战略资源观的公司并购策略研究 [J]．工业技术经济，2005 (24): 75 -77.

[60] 吴豪，庄新田．中国上市公司并购绩效的实证研究 [J]．东北大学学报（自然科学版），2008 (2): 284 -286.

[61] 吴荷青．高现金持有与股权结构绩效研究 [J]．财会通讯，2009 (2): 12 -13.

[62] 胥朝阳，沈斌．战略并购、资源再配置与经济增长 [J]．商业研究，2007 (11): 5 -7.

[63] 姚禄仕，李胜南．上市公司资产重组绩效的实证研究 [J]．财会月刊，2007 (10): 18 -20.

[64] 杨兴全，张照南．制度背景、股权性质与公司持有现金价值 [J].

经济研究，2008（12）：111－123.

［65］义旭东．论区域要素流动［D］．四川大学学位论文，2005.

［66］余力，刘英．中国上市公司并购绩效的实证分析［J］．当代经济科学，2004（26）：68－74.

［67］喻卫斌．企业同质性假设、异质性假设和企业资源的获取［J］．经济问题，2007（5）：56－58.

［68］袁茜．上市公司资产重组绩效实证分析［J］．财会通讯，2006（6）：42－44.

［69］赵息，周军．上市公司重大资产重组绩效评价［J］．西南交通大学学报，2008（5）：13－16.

［70］张德平．中国上市公司并购的经营业绩实证研究［J］．中国软科学，2002（7）：34－38.

［71］张金鑫．并购双方资源匹配战略分析［M］．中国经济出版社，2006.

［72］张俊瑞，李婉丽．中国证券市场并购行为绩效的实证分析［J］．南开管理评论，2002（6）：51－57.

［73］张秋生．并购学——一个基本理论框架［M］．中国经济出版社，2010.

［74］张小红．多元化战略与公司绩效实证研究［J］．财会通讯，2010（2）：118－120.

［75］张新．并购重组是否创造价值？—中国证券市场的理论与实证研究［J］．经济研究，2003（6）：20－29.

［76］张翼，刘巍等．中国上市公司多元化与公司业绩的实证研究［J］．金融研究，2005（9）：122－136.

［77］郑爱华，张亚芳．股权结构、多元化经营与企业绩效研究综述［J］．财会通讯，2008（4）：106－108.

［78］周琳．企业并购中的协同效应研究［D］．北京交通大学学位论文，2006.

[79] 周文泳，尤建新等．中国上市公司资产重组绩效实证研究［J］．同济大学学报（自然科学版），2006（1）：139－142.

[80] 周小春，李善民．并购价值创造的影响因素研究［J］．管理世界，2008（5）：134－143.

[81] 朱滔．上市公司并购的短期和长期股价表现［J］．当代经济科学，2006（3）：31－39.

[82] Agrawal，A.，Jaffe，J. & Mandelker，G. N. The post-merger performance of acquiring firms：A re-examination of an anomaly［J］. Journal of Finance，1992，47（4）：1605－1621.

[83] Agrawal，A.，Jaffe，J. F.，The post-merger performance puzzle［J］. Advances in Mergers and Acquisitions，2000，（1）：7－41.

[84] Ahuja G.，Katila R. Technological acquisitions and the innovation performance of acquiring firms：A longitudinal study［J］. Strategic Management Journal，2001，22（3）：197－220.

[85] Akhigbe，A.，Martin，A.，Whyte，A.，Partial acquisitions，the acquisition probability hypothesis，and the abnormal returns to partial targets［J］. Journal of Banking and Finance，2007，（31）：3080－3101.

[86] Alan M. Rugman & Jing Li. Will China's Multinationals Succeed Globally or Regionally［J］. European Management Journal，2007，25（5）：333－343.

[87] Amel，D.，Barnes，C. et al. Consolidation and efficiency in the financial sector：A review of the international evidence［J］. Journal of Banking & Finance，2004，（28）：2493－2519.

[88] Amihud，Y.，De Long，G. L. & Saunders，A.，The effects of cross-border bank mergers on bank risk and value［J］. Journal of International Money and Finance，2002，（21）：857－877.

[89] Amit R，Schoemaker PJH. Strategic assets and organizational rent［J］. Strategic Management Journal，1993，14（1）：33－46.

[90] Anderson, R. C. & Reeb, D. M. Founding-family ownership and firm performance: Evidence from the S&P 500 [J]. Journal of Finance, 2003, 58 (3): 1301 - 1329.

[91] Andrade, G., Mitchell, M., Stafford, E., New evidence and perspectives on mergers [J]. Journal of Economic Perspectives, 2001, (15): 103 - 120.

[92] Andre, P., Kooli, M., L' Her, J., The long-run performance of mergers and acquisitions: Evidence from the Canadian stock market [J]. Financial Management, 2004, (15): 27 - 43.

[93] Argyres N., McGahan A. M. An interview with Michael Porter [J]. Academy of Management Executive, 2002, 16 (2): 43 - 52.

[94] Bae, K. H., Kang, J. K. & Kim, J. M. Tunneling or value added? Evidence from mergers by Korean business groups [J]. The Journal of Finance, 2002, 57 (6): 2695 - 2740.

[95] Barber, B. M., Lehavy, R., et al. Can investors profit from prophets? Security analyst recommendations and stock returns [J]. Journal of Finance, 2001, (56): 531 - 568.

[96] Barney J. Firm resources and sustained competitive advantage [J]. Journal of Management, 1991, 17 (1): 99 - 120.

[97] Berger, A. N. and De Young, R., The effects of geographic expansion on bank efficiency [J]. Journal of Financial Services Research, 2001, (19): 163 - 184.

[98] Berger, A. N. and Mester, L. J., Explaining the dramatic changes in performance of US banks: Technological change, deregulation, and dynamic changes in competition [J]. Journal of Financial Intermediation, 2003, (12): 57 - 95.

[99] Ben-Amar, W., Andre, P., Separation of ownership from control and acquiring firm performance. The case of family ownership in Canada [J].

Journal of Business, Finance and Accounting, 2006, (33): 517 -543.

[100] Bradley, Michael, et al. Synergistic gains from corporate acquisitions and their division between the stockholders of target and acquiring firms [J]. Journal of Financial Economics, 1988, (21): 3 -40.

[101] Bruner. Does M&A Pay? A Survey of evidence for the decision-maker [J]. Journal of Applied Finance, 2002, 12 (1): 48 -68.

[102] Campa, J. M. and Kedia, S. Explaining the diversification discount [J]. Journal of Finance, 2002, (57): 1731 -1762.

[103] Campa, J. M. & Hernando, I. M&A performance in the European financial industry [J]. Journal of Banking & Finance, 2006, (30): 3367 -3392.

[104] Capron L., Dussauge P., Mitchell W. Resource redeployment following horizontal acquisitions in Europe and North America, 1988 - 1992 [J]. Strategic Management Journal, 1998, 19 (7): 631 -661.

[105] Capron L., Mitchell W. The role of acquisitions in reshaping business capabilities in the international telecommunications industry [J]. Industrial and Corporate Change, 1998, 7 (4): 715 -730.

[106] Capron L., Mitchell W. Where firms change: internal development vs. external capability sourcing in the global telecommunications industry [J]. European Management Review, 2004, (1): 157 -174.

[107] Capron L., Mitchell W. Selection capability: how capability gaps and internal social frictions affect internal and external strategic renewal [J]. Organization Science, 2009, 20 (2): 294 -312.

[108] Capron L., Mitchell W., Swaminathan A. Asset divestiture following horizontal acquisitions: A dynamic view [J]. Strategic Management Journal, 2001, 22 (9): 817 -844.

[109] Chang S-J, Rosenzweig PM., The choice of entry mode in sequential foreign direct investment [J]. Strategic Management Journal, 2001,

22 (8): 747 -776.

[110] Claessens, S., Djankov, S., et al. The separation of ownership and control in East Asian corporations [J]. Journal of Financial Economics, 2000, 58 (1/2): 81 -112.

[111] Claessens, S., Djankov, S., et al. Disentangling the incentive and entrenchment effects of large shareholdings [J]. Journal of Finance, 2002, 57 (6): 2741 -2771.

[112] Cohen WM, Levinthal DA. Absorptive capacity: a new perspective on learning and innovation [J]. Administrative Science Quarterly, 1990, (35): 128 -152.

[113] Core, J., Guay, W., Rusticus, T., Does weak governance cause weak stock returns? An examination of firm operating performance and investor expectations [J]. Journal of Finance, 2006, (61): 655 -687.

[114] Cornett, M., Marcus, A., et al. The impact of institutional ownership on corporate operating performance [J]. Journal of Banking and Finance, 2007, (31): 1771 -1794.

[115] Cremers, K., Nair, V., Governance mechanisms and equity prices. Journal of Finance, 2005, (60): 2859 -2894.

[116] Dalton DR, Daily CM, et al. Meta-analyses of corporate financial performance and equity: Fusion or confusion [J]. Academy of Management Journal, 2003, 46 (1): 13 -26.

[117] Datta, S., Iskandar-Datta, M., Raman, K., Executive compensation and corporate acquisition decisions [J]. Journal of Finance, 2001, (56): 2299 -2336.

[118] Davies, J. R., Hillier, D., et al. Ownership structure, managerial behavior and corporate value [J]. Journal of Corporate Finance, 2005, 11 (4): 645 -660.

[119] DeLong, G., Does long-term performance of mergers match market

expectations? Evidence from the U. S. banking industry [J]. Financial Management, 2003, (32): 5 - 25.

[120] Deepak Sethi. Are multinational enterprises from the emerging economies global or regional? [J]. European Management Journal, 2009, (27): 356 - 365.

[121] Demsetz, H., Villalonga, B., Ownership structure and corporate performance [J]. Journal of Corporate Finance, 2001, (7): 209 - 233.

[122] Dos Santos, M., Errunza, V., Miller, D., Does corporate international diversification destroy value? [J]. Evidence from cross-border mergers and acquisitions. Journal of Banking and Finance, 2008, (32): 2716 - 2724.

[123] Doukas, J., Kan, O., Investment decisions and internal capital markets: Evidence from acquisitions [J]. Journal of Banking and Finance, 2008, (32): 1484 - 1498.

[124] Dube, S., Glascock, J. L., Effects of the method of payment and the mode of acquisition on performance and risk metrics [J]. International Journal of Managerial Finance, 2006, (2): 176 - 195.

[125] Dyer JH, Singh H. The relational view: cooperative strategy and sources of inter-organizational competitive advantage [J]. Academy of Management Review, 1998, 23 (4): 660 - 679.

[126] Dyer JH, Kale P., Singh H. When to ally and when to acquire [J]. Harvard Business Review, 2004, 82 (7): 109 - 115.

[127] Eisenhardt KM, Martin JA. Dynamic capabilities: what are they? [J]. Strategic Management Journal, Special Issue, 2000, 21 (10 - 11): 1105 - 1121.

[128] Eric T. G. Wang, Cathy chia-Lin. Improving enterprise resource planning (ERP) fit to organizational process through knowledge transfer [J]. International Journal of Information Management, 2007, 27 (3):

200 -212.

[129] Fama, E. F., Market efficiency, long-term returns, and behavioral finance [J]. Journal of Financial Economics, 1998, (49): 283 -306.

[130] Fangcheng Tang, Jifeng Mu et al. Absorptive and disseminative capacity: Knowledge transfer in intra-organization networks [J]. Expert Systems with Applications, 2010, (37): 31 -38.

[131] Fields, L. P., Fraser, D. R. and Kolari, J. W. Bidder returns in bank assurance mergers: Is there evidence of synergy? [J]. Journal of Banking & Finance, 2007, (31): 3646 -3662.

[132] Fuller, K., Netter, J., Stegemoller, M., What do returns to acquiring firms tell us? Evidence from firms that make many acquisitions [J]. Journal of Finance, 2002, (57): 1763 -1794.

[133] Geyskens I., Steenkamp JEM, Kumar N. Make, buy or ally: A transaction cost theory meta-analysis [J]. Academy of Management Journal, 2006, 49 (3): 519 -543.

[134] Ghosh, A., Does operating performance really improve following corporate acquisitions? [J]. Journal of Corporate Finance, 2001, (7): 151 -178.

[135] Ghosh, A., Jain, P., Financial leverage changes associated with corporate Mergers [J]. Journal of Corporate Finance, 2000, (6): 377 -402.

[136] Goergen, M. & Renneboog, L. L. Shareholder wealth effects of European domestic and cross-border takeover bids [J]. European Financial Management, 2004, 10 (1): 9 -45.

[137] Gompers, P., Ishii, j., Metrick, A., Corporate governance and equity prices [J]. The Quarterly Journal of Economics, 2003, (118): 107 -155.

[138] Grant RM. Toward a knowledge-based theory of the firm. Strategic Management Journal [J]. Winter Special Issue, 1996, (17): 109 -122.

[139] Gry Agnete Alsos & Carter. Multiple business ownership in the Norwegian farm sector: Resource transfer and performance consequences [J]. Journal of Rural Studies. 2006, 22 (3): 313 – 322.

[140] Gugler, K., Mueller, D. C., et al. The effects of mergers: An international comparison [J]. International Journal of Industrial Organization, 2003, 21 (5): 625 – 654.

[141] Gugler, K., Mueller, D. C. & Yurtoglu, B. Corporate governance and the returns on investment [J]. Journal of Law & Economics, 2004, 47 (2): 589 – 633.

[142] Gwendolynk. Lee and Marvinb. Lieberman, Acquisition vs. Internal development as modes of market entry [J]. Strategic Management Journal, 2010, (31): 140 – 158.

[143] Hagedoorn J., Duysters G. The effect of mergers and acquisitions on the technological performance of companies in a high-tech environment [J]. Technology Analysis & Strategic Management, 2002, (14): 67 – 89.

[144] Hagedoorn J., Duysters G. External sources of innovative capabilities: The preference for strategic alliances or mergers and acquisitions [J]. Journal of Management Studies, 2002, (39): 167 – 188.

[145] Haibin Yang, Zhang (John) Lin, et. al. A multilevel framework of firm boundaries: Firm characteristics, dyadic differences, and network attributes [J]. Strategic Management Journal, 2010, (31): 237 – 261.

[146] Haleblian J., Finkelstein S. The influence of organizational acquisition experience on acquisition performance: A behavioral learning perspective [J]. Administrative Science Quarterly, 1999, 44 (1): 29 – 56.

[147] Harald Bathelt & Katrin Kappes, Necessary restructuring or globalization failure? Shift in regional supplier relations after the merger of the former German Hoechst and French Rhone-Poulenc groups [J]. Geoforum, 2009, (40): 158 – 170.

[148] Harford, J., Corporate cash reserves and acquisitions [J]. Journal of Finance, 1999, 54 (6): 1969 - 1997.

[149] Harrison J., Hitt MA, et al. Resource complementarity in business combinations: Extending the logic to organizational alliances [J]. Journal of Management, 2001, (27): 679 - 693.

[150] Hayward MLA. When do firms learn from their acquisition experience? Evidence from 1990 - 1995 [J]. Strategic Management Journal, 2002, 23 (1): 21 - 39.

[151] Healy, P. M., Palepu, K. G. & Ruback, R. S. Does corporate performance improve after mergers, Journal of Financial Economics, 1992, (31): 135 - 175.

[152] Heron, R., Lie, E., Operating performance and the method of payment in takeovers [J]. Journal of Financial and Quantitative Analysis, 2002, (37): 137 - 155.

[153] Hoffmann WH, Schaper-Rinkel W. Acquire or ally? A strategy framework for deciding between acquisition and cooperation [J]. Management International Review, 2001, (41): 131 - 159.

[154] Hotchkiss, E., Strickland, D., Does shareholder composition matter? Evidence from the market reaction to corporate earnings announcements [J]. Journal of Finance, 2003, (58): 1469 - 1498.

[155] Jarrel, G. A. & Poulsen. A. B. The Return to Acquiring Firms in Tender offers: Evidence from Three Decades [J]. Financial Management, 1989, (18): 5 - 50.

[156] Jens Hagendorff & Kevin Keasey, Post-merger strategy and performance: Evidence from the U. S. and European banking industries [J]. Accounting and Finance, 2009, (49): 725 - 751.

[157] Jose' A. Novo-Peteiro. Bank mergers in spatially differentiated markets [J]. Journal of Economics and Business, 2009, (61): 90 - 96.

[158] Kadiyala, P., Rau, R., Investor reaction to corporate event announcements: Under-reaction or over-reaction? [J]. Journal of Business, 2004, (77): 357 -386.

[159] Karim S., Mitchell W. Path-dependent and path breaking change: Reconfiguring business resources following acquisitions in the U. S. medical sector1978 -1995 [J]. Strategic Management Journal, 2000, 10 -11 (21): 1061 -1081.

[160] Katsuhiko Shimizu, Michael A. Hitt, et al. Theoretical foundations of cross-border mergers and acquisitions: A review of current research and recommendations for the future [J]. Journal of International Management, 2004, (10): 307 -353.

[161] King DR, Dalton DR, et al. Meta analysis of post-acquisition performance: Indications of unidentified moderators [J]. Strategic Management Journal, 2004, 25 (2): 187 -200.

[162] Klaus Uhlenbruck, Michael A. Hitt, et. al. Market value effects of acquisitions involving internet firms: A resource-based analysis [J]. Strategic Management Journal, 2006, (27): 899 -913.

[163] Krishnan HA, Hitt MA, Park D. Acquisition premiums, subsequent workforce reductions and post acquisition performance [J]. Journal of Management Studies, 2007, 44 (5): 709 -732.

[164] Lee T. Brown, Alan M. Rugman & Alain Verbeke, Japanese joint ventures with western multinationals: Synthesizing the economic and cultural explanations of failure [J]. Asia Pacific Journal of Management, 2004, 6 (2): 225 -242.

[165] Lei D., Hitt MA, Bettis RA. Dynamic core competences through meta-learning and strategic context [J]. Journal of Management, 1996, (22): 549 -569.

[166] Lihua Wang and Edward J. Zajac, Alliance or acquisitions? A dyadic

perspective on inter-firm resource combinations [J]. Strategic Management Journal, 2007, (28): 1291 - 1317.

[167] Linn, S., Switzer, J., Are cash acquisitions associated with better Post combination operating performance than stock acquisitions? [J]. Journal of Banking and Finance, 2001, (25): 1113 - 1138.

[168] Loughran T. & Vijh A. M. Do long-term shareholders benefit from corporate acquisition [J]. The Journal of Finance, 1997, 12 (5): 1765 - 1790.

[169] Makadok R. Toward a synthesis of the resource-based and dynamic capability views of rent creation [J]. Strategic Management Journal, 2001, 22 (5): 387 - 401.

[170] Malmendier, U., Tate, G., Who makes acquisitions? CEO over confidence and the market' s reaction [J]. Journal of Financial Economics, 2008, (89): 20 - 43.

[171] Maria Goranova, Ravi Dharwadkar & Pamela Brandes, Owners on both sides of the deal: Mergers and acquisitions and overlapping institutional ownership [J]. Strategic Management Journal, 2010, (31): 1114 - 1135.

[172] Marianna Makri & Michael A. Hitt, Complementary technologies, knowledge relatedness, and invention outcomes in high technology mergers and acquisitions [J]. Strategic Management Journal, 2010, (31): 602 - 628.

[173] Martynova, M., Renneboog, L., A century of corporate takeovers: What have we learned and where do we stand? [J]. Journal of Banking and Finance, 2008, (32): 2148 - 2177.

[174] Masulis, R., Wang, C., Xie, F., Corporate governance and acquiror returns [J]. Journal of Finance, 2007, (62): 1851 - 1889.

[175] Maury, B. Family ownership and firm performance: Empirical evidence from Western European corporations [J]. Journal of Corporate Finance, 2005, 12 (2): 321 - 341.

[176] Maury, B. & Pajuste, A. Multiple large shareholders and firm value

[J]. Journal of Banking and Finance, 2005, 29 (7): 1813 –1834.

[177] Megginson, W., Morgan, A., Nail, L., The determinants of positive long-term performance in strategic mergers: Corporate focus and cash [J]. Journal of Banking and Finance, 2004, (28): 523 –552.

[178] Mitchell, M., Pulvino, T., Stafford, E., Price pressure around mergers [J]. Journal of Finance, 2004, (59): 31 –63.

[179] Moeller, S. B., Schlingemann, F. P. & Stulz, R. M. Firm size and the gains from acquisitions [J]. Journal of Financial Economics, 2004, 73 (2): 201 –228.

[180] Moeller, S., Schlingemann, F., Stulz, R., Wealth destruction on a massive scale? A study of acquiring-firm returns in the recent merger wave [J]. Journal of Finance, 2005, (60): 757 –782.

[181] Morrow, J. L. David JR., et al. Creating value in the face of decling performance: Firm strategies and organizational recovery [J]. Strategic Management Journal, 2007, (28): 271 –283.

[182] Nicholas F. Carline a, Scott C. Linn, et al. Operating performance changes associated with corporate mergers and the role of corporate governance [J]. Journal of Banking & Finance, 2009, (33): 1829 –1841.

[183] Park NK, Mezias JM, Song J. A resource-based view of strategic alliances and firm value in the electronic marketplace [J]. Journal of Management, 2004, (30): 7 –27.

[184] Parrino, J. D. & R. S. harris, Takeovers, Management Replacement, and Post-Acquisition Operating Performance: some Evidence from the 1980s? [J]. Journal of Applied Corporate Finance, 1999, (1): 88 –97.

[185] Powell, R. G. & Stark, A. W. Does operating performance increase post-takeover for UK takeovers? A comparison of performance measures and benchmarks [J]. Journal of Corporate Finance, 2005, 11 (1/2): 293 –317.

[186] Priem RL, Butler JE. Is the resource-based view a useful perspective for strategic management research? [J]. Academy of Management Journal, 2001, 26 (1): 22 -40.

[187] Rahman, R. A. & Limmack, R. J. Corporate acquisitions and the operating performance of Malaysian companies [J]. Journal of Business Finance & Accounting, 2004, 31 (3/4): 359 -400.

[188] Ranft AL, Lord MD. Acquiring new technologies and capabilities: A grounded model of acquisition implementation [J]. Organization Science, 2002, 13 (4): 420 -441.

[189] Rhodes-Kropf, Matthew, S. Viswanathan. Market valuation and merger waves [J]. The Journal of Finance, 2004, 59 (6): 2658 -2718.

[190] Sally K. Widener, Associations between strategic resource importance and performance measure use: The impact on firm performance [J]. Management Accounting Research, 2006, (17): 433 -457.

[191] Sara B. Moeller, Frederik P. Schlingemann et al., Firm size and the gains from acquisitions [J]. Journal of Financial Economics, 2004, (73): 201 -228.

[192] Schlingemann, F. P., Stulz, R. M., Walkling, R. A., Divestitures and the liquidity of the market for corporate assets [J]. Journal of Financial Economics, 2002, (64): 117 -144.

[193] Shantanu Dutta, Vijay Jog, The long-term performance of acquiring firms: A re-examination of an anomaly [J]. Journal of Banking & Finance, 2009, (33): 1400 -1412.

[194] Sharma, D. S. & Ho, J. The impact of acquisitions on operating performance: Some Australian evidence [J]. Journal of Business Finance & Accounting, 2002, 29 (1/2): 155 -200.

[195] Shleifer, A., Vishny, R. W., Stock market driven acquisitions [J]. Journal of Financial Economics, 2003, (70): 295 -311.

[196] Sirmon DG, Hitt MA, Ireland RD. Managing firm resources in dynamic environments to create value: Looking inside the black box [J]. Academy of Management Review, 2007, (32): 273 -292.

[197] Tai-Yuan Huang, Jer-San Hu, et al. The influence of market and product knowledge resource embeddedness on the international mergers of advertising agencies: The case-study approach [J]. International Business Review, 2008, (17): 587 -599.

[198] Tanriverdi H., Venkatraman N. Knowledge relatedness and the performance of multibusiness firms [J]. Strategic Management Journal, 2005, 26 (2): 97 -119.

[199] Tze-Yu Yen, Paul Andr', Ownership structure and operating performance of acquiring firms: The case of English-origin countries [J]. Journal of Economics and Business, 2007, (59): 380 -405.

[200] Vermeulen F., Barkema H. Learning through acquisitions [J]. Academy of Management Journal, 2001, (44): 457 -476.

[201] Villalonga B., McGahan AM. The choice among acquisitions, alliances, and divestitures [J]. Strategic Management Journal, 2005, 26 (13): 1183 -1208.

[202] Wang L., Zajac EJ. Alliance or acquisition? A dyadic perspective on interfirm resource combinations [J]. Strategic Management Journal, 2007, 28 (13): 1291 -1317.

[203] Weir, C. Laing, D. & McKnight, P. J. Internal and external governance mechanisms: Their impact on the performance of large UK public companies [J]. Journal of Business Finance & Accounting, 2002, 29 (5/6): 579 -611.

[204] Zollo M., Singh H. Deliberate learning in corporate acquisitions: Post-acquisition strategies and integration capability in U. S. bank mergers [J]. Strategic Management Journal, 2004, 25 (13): 1233 -1256.

后　　记

在我的博士学位论文出版之际，我想对每一位在本书写作过程中曾给予我关心、支持和帮助的人们致以最诚挚的敬意和谢意。

首先我要特别感谢我的导师张秋生教授的悉心指导。从本书的选题到框架的构建，再到本书的写作这一过程中倾注了张老师大量的心血。张老师严谨的治学态度、渊博的知识以及科学的工作方法给了我极大的启迪和帮助。张老师广阔的视野和高屋建瓴的学术观点对我今后的教学和科研也很有帮助。除了知识上的收获，张老师仁厚的处世之道，也深深地影响了我，使我在人生的道路上少了些浮躁和计较，多了份平和与淡定。解惑、授业、传道，张老师是一位真正令我敬仰的师者，在此我衷心感谢多年来张老师对我的帮助和指导，真诚地向他说一声谢谢。

我还要特别感谢中国企业兼并重组研究中心的张金鑫老师、崔永梅老师、周绍妮老师、谢纪刚老师对我的指导和关怀。感谢同门师弟师妹们，特别是郭琴、赵立彬、魏乐、葛伟杰、纪君、吴晓伟、唐梦华对我的热情帮助。正是与中心的老师和同学们的交流和沟通以及相互之间的勉励和关心使得求学的过程变得有趣起来。同时，感谢内蒙古大学经济管理学院的院领导以及会计系的同事们在我上学期间对我工作的支持和帮助。

感谢经济科学出版社的李雪老师，她在本书的出版过程中提出了许多宝贵的修改建议。没有她的大力支持，本书也难以如期付梓。

最后，感谢我的父母、老公以及可爱的女儿，他们的理解、支持以及默默付出使我能够专心完成本书的写作。我的父母和爱人总是给予我无微不至的关怀和照顾，在我迷茫时安慰我、鼓励我，在我成功时提醒我、鞭策我。乖巧的女儿给了我莫大的欣慰和鼓舞，每当我感到困难重重想退却的时候，想想女儿可爱的笑脸、精灵古怪的表情觉得一切的努力都是值得的，无论如何我都要给女儿做一个好的榜样。

衷心地希望与大家一同分享本书出版的喜悦！

袁学英
2014 年 2 月